HEYNE
BÜCHER

D1671066

Romantic Thriller

Diane Pearson

Tief im Herzen sitzt die Angst

Roman

Wilhelm Heyne Verlag
München

HEYNE ROMANTIC THRILLER
Nr. 03/2296

Titel der Originalausgabe
BRIDGE OF TANCRED
Aus dem Amerikanischen übersetzt von Jutta von Sonnenberg

Neuausgabe des Heyne Taschenbuches Band Nr. 03/1869
Copyright © 1967 by Diane Pearson
Printed in Germany 1990
Umschlagzeichnung: Ed Salter/Agentur Luserke
Gesamtherstellung: Ebner Ulm

ISBN 3-453-03818-5

1

Erst mit achtzehn erfuhr ich, daß ich ein uneheliches Kind war. Vieles, was ich bis dahin nicht verstanden hatte, wurde mir nun klar.

Eigentlich ist ein uneheliches Kind nichts Außergewöhnliches. In jedem Dorf gibt es eines oder mehrere. In einer Quäker-Gemeinde wie der unseren, in der strengste Tugend und Gottesfurcht die Grundpfeiler des Lebens waren, kam so etwas allerdings sehr selten vor.

Ich nahm deshalb in unserem Dorf eine Sonderstellung ein. Gewiß, man ernährte und kleidete mich wie alle anderen, denn die Dorfbewohner waren freundliche Menschen, und Güte und Nächstenliebe waren Bestandteile unserer Religion. Ich durfte an allen Feierlichkeiten teilnehmen, die das gemeinschaftliche Leben bot. Beim Gottesdienst und Erntedankfest sowie bei Hochzeiten wurde ich nicht ausgeschlossen. Mir war aber stets bewußt, daß meine Teilnahme nur aus christlicher Nächstenliebe geduldet wurde und daß ich anders war als meine Altersgenossen.

Ich war noch ein ganz kleines Mädchen, als ich mir zum erstenmal meiner Isolation in der engverbundenen Quäker-Gemeinde bewußt wurde. Es war an einem Sonntag im April, einem strahlend schönen Tag, und ich muß damals etwa vier Jahre alt gewesen sein. Ich konnte mich bereits allein anziehen, denn wir wurden schon früh zur Selbständigkeit erzogen. Nur mit den gestärkten Bändern der weißen Haube wurde ich nicht fertig. Als mein Großvater sah, wie ich mich damit abmühte und daß ich schon ganz heiß und rot im Gesicht von der Anstrengung war, legte er seine Bibel beiseite und rief mich zu sich an den Tisch.

»Komm her, Miriam, ich binde dir die Haube.«

Von klein auf wird uns beigebracht, daß Eitelkeit eine Sünde ist, dennoch muß ich gestehen, daß ich stolz auf mein Haar bin. Es ist wirklich das einzig Hübsche an mir, und ist sehr dicht, rötlichblond und naturgewellt. Ich habe es oft bedauert, daß es bei uns Sitte ist, das Haar zu bedecken, denn wenn man meine Locken nicht sieht, bin ich wirklich sehr unattraktiv.

Großvater entwirrte den Knoten, band die Bänder der Haube richtig zu und zog mir die Locken darunter hervor.

»So«, sagte er, »jetzt können wir zum Gottesdienst gehen.«

Ich rutschte von seinem Schoß, lief zum Küchenherd und kletterte auf die Holzkiste. Nun konnte ich meine Bibel erreichen, die dort auf einem Wandbrett lag. In diesem Augenblick kam meine Großmutter in die Küche.

Wenn ich mich heute an sie erinnere, wird mir klar, daß sie damals sicher eine sehr hübsche Frau war. Sie hatte dunkles Haar und ein klares, strenges Gesicht. Ihre Bewegungen waren rasch und präzise. Sie kannte weder Zögern noch Zweifel und war sehr willensstark.

»Willst du in ihr nun auch noch die Sünden der Eitelkeit wecken!« fuhr sie den Großvater halblaut an. »Wie kann ein Knecht Gottes seine eigene Enkelin ins Haus des Herrn schicken, die Schultern mit Locken bedeckt?«

Sie setzte sich auf einen Stuhl und klemmte mich zwischen ihre Knie. Dann nahm sie mir die Haube ab und flocht mir zwei steife Zöpfe. Sie riß so stark an meinen Haaren, daß mir die Tränen in die Augen traten.

»Aber Sarah«, sagte Großvater sanft, »sie ist doch noch ein Kind.«

Großmutter zerrte besonders stark an meinem Haar, als sie erwiderte: »Die Sünde ist schon in ihr. Wir müssen sie vor dem Laster schützen, das der Böse in sie gelegt hat.«

Als ich älter wurde, gewöhnte ich mir an, meiner Großmutter soweit wie möglich aus dem Weg zu gehen. Ich erkannte auch, daß es besser war, wenn ich mich nicht um die Anknüpfung von Freundschaften innerhalb unserer Gemeinschaft bemühte. Obwohl die anderen Kinder nicht mehr über meine Abstammung wußten als ich — also gar nichts —, war ihnen doch klar, daß ich eine Art Aussätzige unter ihnen war, die nur durch die christliche Güte der Dorfbewohner bei ihnen leben durfte.

Es gab allerdings auch andere Kinder, die keine Eltern hatten und bei Verwandten aufwuchsen, bei Großeltern oder Onkel und Tante, doch diese Kinder konnten auf irgendeinen Grabstein stolz sein, der zu ihnen gehörte. Damit hatten sie den Beweis erbracht, daß sie rechtmäßige Mitglieder unserer Gemeinschaft waren, daß sie dazugehörten und nicht, wie ich,

Briefe von einer Mutter erhielten, die sich nie im Dorf blicken ließ.

Ich fragte Großvater, warum sie mich nie besuchen kam. Mein Vater war tot, hatte man mir gesagt, und deshalb mußte meine Mutter Geld verdienen. Warum arbeitete sie denn dann nicht bei uns im Dorf, wollte ich wissen. Ich akzeptierte seine Antwort mit dem Vertrauen eines Kindes, das an die Allwissenheit der Erwachsenen glaubt. Sie hatte eine besonders wichtige Arbeit bei der Quäker-Gemeinde in Cumberland zu verrichten, als Lehrerin. Man brauchte sie dort.

Ich wollte wie meine Mutter Lehrerin werden. Die Quäker hatten recht fortschrittliche Ideen hinsichtlich weiblicher Bildung, aber als es soweit war, daß ich eine entsprechende Ausbildung hätte beginnen müssen, wollte Großmutter nichts davon hören. Wieder wurde auf meine angeborene Sündhaftigkeit verwiesen, auf das Laster, das in meiner Seele auf der Lauer lag.

Ich durfte mir meine Ziele nicht zu hoch stecken und sollte wissen, daß ein Leben des Dienstes und der Demut das einzige war, was mir anstand. Sehr zu meinem Widerwillen wurde ich deshalb zur Dorfschneiderin in die Lehre gegeben, einer freundlichen alten Jungfer namens Llewellyn.

Dann, als ich siebzehn war, änderte sich mein Leben von Grund auf, denn ich verliebte mich in Joseph Whittaker.

Bei uns ging man früh im Jahr auf Brautschau und ohne alle Umschweife. Die Brautschau mußte zwischen dem Pflügen im Herbst und dem Säen im Frühling eingeplant werden, und Ostern und Pfingsten wurde Verlobung gefeiert — als Ergebnis der weniger mit Arbeit ausgefüllten Wintermonate. Ich wußte, ohne daß es mir jemand zu sagen brauchte, daß für mich kein Platz war in dem Werben, das meistens nach dem Erntedankfest begann. Die ungeheure Sünde, die zwischen mir und einer normalen Kindheit gestanden hatte, versperrte mir nun auch den Weg in die Liebe. Meine unaussprechliche Sünde, welcher Art sie auch sein mochte, wurde außerdem durch meinen Mangel an Schönheit verstärkt.

Um die Wahrheit zu sagen, es störte mich nicht weiter. Im Vergleich zu den Helden der Bücher, die ich nachts heimlich im Bett las, waren die Burschen aus dem Dorf überaus reizlos. Es störte mich nicht, auch jetzt wieder Außenseiter zu sein.

Das änderte sich, als Joseph Whittaker ins Dorf zog.

Er kam im Sommer. Seine Eltern und seine drei Schwestern zogen mit ihm in das Bauernhaus am Fuß des Hügels. Joseph war zwanzig, hatte dichtes, schwarzes Haar und dunkle Augen. Er war der schönste Mann, den ich je gesehen hatte.

An dem Sonntag, an dem er und seine Familie erstmals am Gottesdienst teilnahmen, herrschte große Aufregung im Gebetshaus. Die Mädchen huschten unter dem Vorwand durcheinander, ein Taschentuch oder eine Bibel voneinander auszuleihen. Sie wollten ihn alle von nahem betrachten, und vor allem wollten sie von ihm gesehen werden.

Als der Gottesdienst beendet war, begrüßte Großvater die Whittakers in unserer Gemeinde. Dann trat eine Familie nach der anderen zu ihnen, um ein paar Worte mit ihnen zu wechseln. Prudence Collier, mit den großen, veilchenblauen Augen, sah anhimmelnd zu ihm auf. Es war verständlich, daß kein Mann der hübschen Prudence gegenüber gleichgültig bleiben konnte.

Ich erhob mich und ging zum Ausgang. Doch ehe ich noch entfliehen konnte, hörte ich Großvaters mahnende Stimme hinter mir.

»Aber Miriam, willst du denn die Whittakers nicht auch begrüßen?«

Ich wandte mich um und murmelte eine Entschuldigung. Dann gab ich Mr. und Mrs. Whittaker und ihren drei Töchtern die Hand. Als ich vor Joseph stand, war es mir unmöglich, ihn anzusehen. Ich würgte irgendein paar mißglückte Begrüßungsworte hervor, dann wandte ich mich um und eilte aus dem Gebetshaus.

In den folgenden Wochen sprach ich nicht mehr mit ihm, aber ich sah, wie sich Prudence Collier und Elizabeth Jenkins und alle anderen um ihn bemühten. Außerdem stellte ich fest, daß die Helden meiner Bücher mich nicht mehr interessierten. Nur das dunkle Gesicht von Joseph Whittaker stand immer wieder vor meinem Geist.

Und dann, eines Tages, als ich meine Tasche und meine Bibel nahm, um das Gebetshaus zu verlassen, hörte ich seine Stimme hinter mir.

»Miß Miriam!«

Ich wandte mich um. Sein Gesicht war rot vor Verlegenheit. Ich war so verwirrt, daß ich die Tasche fallen ließ.

»Miß Miriam«, sagte er, dann bückte er sich danach. »Miß Miriam, erlauben Sie, daß ich Sie nach Hause bringe?«

Es war ein unglücklicher Zufall, daß inzwischen jedes Gespräch im Gebetshaus verstummt war. Seine Worte fielen in eine atemlose Stille, und ihnen folgte ein erschreckter Laut, der von Prudence Collier zu stammen schien. Sie starrte uns mit offenem Mund an.

Ich war verwirrt und verlegen, aber weniger meinetwegen als aus Mitgefühl für Joseph. Anscheinend hatte ihm niemand gesagt, daß ich sündig und böse war und nicht dazugehörte, daß ich jemand war, um den man nicht werben durfte.

Doch dann wurde mir plötzlich klar, was seine Worte bedeuteten. Das überwältigende Glück, von Joseph Whittaker auserwählt zu sein, strömte mir wie eine warme Woge zu Herzen. Ich war klein und dünn, außerdem häßlich, wie Großmutter mir oft genug versichert hatte, und trotzdem war ich von dem begehrenswerten, vielbewunderten Joseph Whittaker auserwählt worden.

Strahlend und mit sträflichem Mangel an christlicher Nächstenliebe lächelte ich Prudence Collier an, dann gab ich Joseph meine Bibel und die Tasche zu tragen.

An den Heimweg kann ich mich nicht erinnern. Nur noch an die völlig fassungslosen Gesichter, die uns zugewandt waren, als wir das Gebetshaus verließen. Natürlich war ich viel zu schüchtern, Joseph anzusehen, und ich habe auch bestimmt nicht mit ihm gesprochen. Ich weiß nur noch, daß ich Angst hatte, er könne das heftige Klopfen meines Herzens hören.

Wir gingen gemessenen Schrittes den Weg entlang, wobei wir einen reichlichen Meter Abstand hielten, voller Angst, daß etwa Hände oder Arme sich versehentlich berühren könnten und unser wohlanständiges Zusammensein in eine sündige Verführung des Fleisches verwandeln würden.

Als wir bei unserem Haus angekommen waren, räusperte sich Joseph. Er errötete, und auch ich wurde feuerrot. Ein paar Sekunden standen wir uns schweigend gegenüber, den Blick auf die Erde geheftet, dann räusperte er sich erneut.

»Ich würde gern . . .«, sagte er, »wird es Ihr Großvater erlauben, daß ich mich heute abend im Gebetshaus zu Ihnen setze?«

Ich nahm all meinen Mut zusammen und hob den Blick zu seinem Gesicht.

»Vielleicht . . . vielleicht wenn Sie ihn fragen«, antwortete ich.

Er schluckte nervös, dann reichte er mir die Bibel und die Tasche.

»Ich komme Sie heute abend abholen, Miß Miriam. Dann frage ich ihn.«

Er wandte sich hastig um, so hastig, daß er auf dem unebenen Boden stolperte, und lief mit langen Schritten den Berg hinab. Unten angekommen wandte er sich um und winkte mir zu, dann verschwand er zwischen den Bäumen. Ich blieb zurück, und mein Glück war so groß, daß es mir die Kehle zuschnürte.

Als ich in die Küche trat, wartete Großmutter schon auf mich.

»Du Sünderin!« zischte sie mich an. »Du lasterhafte, verkommene Sünderin! Hört das denn niemals auf? Muß ich denn ständig an die Schande erinnert werden, die über meine Familie gekommen ist?«

»Aber ich habe doch nichts Böses getan«, verteidigte ich mich.

»Geh sofort auf dein Zimmer, ehe ich meine christliche Demut vergesse. Jesaja, du kommst mit«, sagte sie zu meinem Onkel, der am Küchentisch saß.

Er stand sofort auf, und Großmutter band sich die Schürze ab.

»Wo geht ihr hin?« fragte ich mit halberstickter Stimme.

»Wir gehen und tun, was der Herr uns geheißen hat!« erwiderte sie.

Beide verließen die Küche und traten auf den Hof. Großmutter eilte energisch voraus, und Onkel Jesaja folgte ihr. Ich wußte nicht genau, was sie vorhatten, aber ich ahnte, daß sie etwas tun wollten, was gegen meine Liebe zu Joseph Whittaker gerichtet war. Das gab mir den Mut, ihnen nachzulaufen und meine Großmutter am schwarzen Umhang zu fassen.

»Bitte, geh nicht zu den Whittakers!« rief ich. »Bitte, bitte geh nicht hin!«

Sie riß mir den Mantel aus der Hand. Die jähe, unfreundliche Bewegung, so unbedeutend sie auch war, verwandelte die Verzweiflung in meinem Herzen in Zorn und Haß. Alle Lehren von Demut und Bescheidenheit waren vergessen, und ich begehrte zum erstenmal gegen meine Großmutter auf.

»Das ist grausam, was du tust!« rief ich mit tränenerstickter Stimme. »Grausam und böse! Du sollst nicht mit Joseph sprechen! Du sollst es nicht ...«

»Sei still, Miriam«, sagte Onkel Jesaja ruhig. »Es ist schlimm für dich, aber es ist besser, daß es jetzt gleich zu Ende ist, als später, wenn es noch mehr weh tut.«

»Es wird nicht zu Ende sein!« rief ich heftig. »Er wird mich trotzdem abholen! Er wird trotzdem heute abend kommen, ihr werdet es sehen!«

Joseph Whittaker kam nicht. Er kam an jenem Abend überhaupt nicht ins Gebetshaus, und ich wäre glücklich gewesen, wenn man auch mir erlaubt hätte, zu Hause zu bleiben.

Mein Gesicht war völlig verschwollen, als ich am Abend auf meinem Platz zwischen Großmutter und Onkel Jesaja saß. Immer wieder wurden neugierige Blicke verstohlen auf mich gerichtet. Mein Stolz bewahrte mich davor, erneut in Tränen auszubrechen. Als ich abends im Bett lag, schwor ich mir, Großmutter nie wieder meine Tränen sehen zu lassen. Sie freute sich zu sehr daran.

Am nächsten Sonntag lächelte Joseph ein bißchen bedrückt zu mir herüber, dann ging er zu Prudence Collier, und nach dem Gottesdienst verließen sie gemeinsam das Gebetshaus.

Ich war danach nicht einsamer als zuvor, eher weniger. Nun war jegliche Sehnsucht nach Freundschaft oder Gemeinsamkeit in mir ausgelöscht. Ich wußte, daß mich das Vorgefallene noch häßlicher hatte werden lassen, blasser und dünner, aber es war mir gleichgültig. Und als später Prudence und Joseph sich verlobten, tat es nicht einmal mehr weh.

Ich frage mich manchmal, was aus mir geworden wäre, wenn ich das Dorf nicht verlassen hätte. Wahrscheinlich würde ich mich immer mehr in mich selbst zurückgezogen haben, wäre der Gemeinschaft immer ferner gerückt und schließlich eine jener mehr oder minder schrulligen alten Jungfern geworden, die von den Dorfkindern gehänselt werden. Wenn ich nicht eines Tages ein Gespräch zwischen Großmutter und meinem Vetter Stephen mitangehört hätte, würde ich mich sicher nicht dazu entschlossen haben, das Dorf zu verlassen.

Stephen war ein dicklicher junger Mann mit unerfreulichem Charakter. Schon seit zwei Jahren war er auf Brautschau, aber sein unattraktives Äußeres und seine unsympathische Art bewirkten, daß kein Mädchen ihn haben wollte. Ich saß vor der Küchentür und öffnete Erbsenschoten, als ich ihn drinnen sein Mißgeschick bei den Mädchen des Dorfes heftig beklagen hörte.

»Wenn sie nicht hier wäre, würde unsere Schande bald vergessen sein«, erklärte er.

Ich wagte mich nicht zu rühren, denn ich wußte sofort, daß ich diese *sie* war.

»Wenn sie nur das Dorf verlassen würde«, fuhr mein Vetter fort, »dann würden die Leute bald vergessen, daß wir ein uneheliches Kind in der Familie haben. Ein Glück, daß ihre Mutter sich nicht mehr herzukommen traut.«

»Sei still, Stephen«, hörte ich meine Großmutter sagen.

Die Erbsen lagen unberührt in meiner Schürze. Jetzt wurde mir plötzlich alles klar. Bisher waren mir die näheren Umstände meiner Abstammung unbekannt gewesen, und trotzdem hatten Stephens Worte mich weder überrascht noch gekränkt. Die neue Erkenntnis änderte meine Lage ja nicht, und so machte ich mich wieder an die Arbeit.

Doch während der folgenden Tage gingen mir Stephens Worte immer wieder im Kopf herum. Nun begriff ich, weshalb meine Mutter mich nie besuchte. Ich hätte gern mehr über sie und meinen Vater erfahren. Anscheinend wußte jeder im Dorf darüber Bescheid, nur ich nicht.

Die Gelegenheit, Erkundigungen einzuziehen, ergab sich eines Tages, als ich bei Miß Llewellyn beschäftigt war. Wir nähten an einem Kleid, das Prudence Collier bestellt hatte. Es war aus dunkelblauer Wolle, und sie wollte es zu ihrer Hochzeit mit Joseph Whittaker tragen.

Miß Llewellyn war sichtlich unglücklich, als sie mir das Oberteil zum Nähen gab. Schweigend arbeiteten wir eine Weile, doch schließlich konnte sie mit ihrer Meinung nicht länger hinter dem Berg halten.

»Es ist eine Schande!« sagte sie heftig. »Eine himmelschreiende Ungerechtigkeit ist es, daß du hier sitzt und das Kleid für sie nähen sollst, und dabei müßte es eigentlich deine Hochzeit sein.«

Ich lächelte ihr zu. »Das macht nichts«, erwiderte ich und machte einen Knoten in den Faden, den ich gerade eingefädelt hatte. »Ich will gar nicht heiraten.«

»Das wirst du auch nicht, wenn du hier im Dorf bleibst«, entfuhr es ihr. Im selben Augenblick schlug sie die Hand vor den Mund und sah mich schuldbewußt an. Doch dann setzte sie entschlossen hinzu: »Miriam, warum gehst du nicht fort von hier?

Du kannst doch irgendwo eine Stellung annehmen, denn du bist ein gescheites Mädchen, kannst gut nähen und auch gut lesen und schreiben.« Sie zögerte kurz, dann fuhr sie fort: »Wenn du hier bleibst, wirst du ewig den Fehltritt deiner Mutter ausbaden müssen.«

Jetzt war die Gelegenheit gekommen, um herauszufinden, was meine Mutter eigentlich getan hatte. Miß Llewellyn würde mir sicher die Wahrheit sagen.

»Ich möchte gern wissen, worin dieser Fehltritt bestand«, sagte ich mit klopfendem Herzen. »Bitte, erzählen Sie es mir. Ich möchte endlich wissen, was mit mir los ist.«

Erst wollte sie nicht so recht mit der Sprache heraus, doch dann sah sie, wie ernst es mir war, und gab nach.

Es war eine traurige, armselige Geschichte. Dieselbe Härte, die meine Großmutter nun an mir ausließ, hatte meine Mutter seit ihrer Geburt ertragen müssen. Davon war meine Mutter aus dem Haus getrieben worden. Mit sechzehn war sie einfach davongelaufen und hatte eine Stellung in der Stadt angenommen.

Meine Mutter hatte sich von der Quäker-Gemeinde abgewandt und einen Mann geheiratet, der zwölf Jahre älter war als sie. Erst später entdeckte sie, daß er schon verheiratet war, als er mit ihr die Ehe einging. Diese war dadurch ungültig, und ich galt als unehelich. Es war nicht bekannt, was ihn zu einem so grausamen Betrug getrieben hatte. Meiner Mutter wurde verboten, sich jemals wieder zu Hause blicken zu lassen. Sie bemühte sich, Arbeit zu finden, die es ihr gestattete, mich bei sich zu behalten, doch das gelang ihr nicht. Als sie todkrank in einer Londoner Pension lag, hatte sie sich an Großvater um Hilfe gewandt.

Er war nach London gefahren. Als er sah, in welch erbarmungswürdigem Zustand Mutter und ich waren, hatte er darauf bestanden, mich mit auf den Hof zu nehmen. Mutter hatte er zu einer Quäkergemeinde im Norden Englands geschickt, wo man zwar über ihre Vergangenheit Bescheid wußte, aber nicht so hartherzig war wie meine Großmutter.

Miß Llewellyn versprach mir, an Mrs. Tancred zu schreiben, bei der sie selbst vor Jahren im Dienst gewesen war. Sie hatte ein sehr großes Haus, in dem sie sicher noch eine Hilfe brauchen konnte.

An dem Tag, an dem Miß Llewellyn zusagende Antwort von Mrs. Tancred bekam, sprach ich mit Großvater über meinen

Wunsch, das Dorf zu verlassen. Es war gleichzeitig der Tag, an dem Prudence Collier und Joseph Whittaker heirateten.

Zu meiner Erleichterung überraschte Großvater mein Wunsch nicht. Er schrieb sofort an die Quäker-Gemeinde in Sussex, und nachdem einige Briefe zwischen ihm und Mrs. Tancred gewechselt worden waren, gab er mir die Erlaubnis, die Stellung anzunehmen.

Ich sollte als Schneiderin, Gesellschafterin für Mrs. Tancred und Erzieherin ihrer zwölfjährigen Enkelin arbeiten. Als Gehalt bekam ich sechs Guineen jährlich, eine recht geringe Bezahlung.

Zu meiner Überraschung war Großmutter nicht dagegen, daß ich das Dorf verließ. Sie prophezeite mir allerdings, daß man mich schon nach kurzer Zeit entlassen würde.

Ich packte meine wenigen Habseligkeiten in eine alte Reisetasche, küßte Großvater respektvoll auf die Wange und verließ das Haus, in dem ich fast achtzehn Jahre lang gelebt hatte.

So kam es, daß ich an einem unfreundlichen, grauen Wintertag im großen Herrenhaus von Tancred meinen Einzug hielt.

2

Das wuchtige Gebäude stand direkt am Meer, hoch oben auf schroffen Klippen. Mit seinen grauen Steinen sah es selbst wie ein Felsblock aus.

Meine Reise war denkbar unerfreulich verlaufen. Nur den ersten Teil hatte ich genossen, denn ich war noch nie mit der Eisenbahn gefahren. Als ich im Lärmen und Treiben des Bahnhofs von Brighton aus dem Zug stieg, war ich wie betäubt.

Niemand holte mich ab. Stundenlang saß ich auf einer Bank vor dem Bahnhof und wartete auf eine Postkutsche, doch es kam keine. Natürlich konnte ich mir keinen Wagen mieten, denn von dem Fahrgeld, das mir Großvater gegeben hatte, waren mir nur noch wenige Shillinge übriggeblieben. Spät am Nachmittag fand ich endlich den Karren eines Händlers, der nach Loxham fuhr. Dieses Dorf lag nur fünf Kilometer von Tancred entfernt, und ich nahm das Angebot des Mannes, mit ihm zu fahren, gern an. Wir einigten uns auf sechs Pence für die 16 Kilometer weite Fahrt, dann half er mir auf den Kutschbock.

Zu Anfang schwiegen wir. Ich war ganz benommen von dem Betrieb, der in den Straßen von Brighton herrschte. Kutschen und Karren rollten durch die Gassen, prächtig gekleidete Menschen promenierten oder hasteten durch die Straßen. Noch nie hatte ich eine Stadt gesehen, und Brighton schien mir unendlich groß und bedeutend, obwohl es nur ein kleiner Ort war.

Als wir die Stadt hinter uns gelassen hatten, begann uns der Wind um die Ohren zu pfeifen. Ich hüllte mich enger in meinen dünnen Umhang. Der Kutscher griff hinter sich und zog unter dem Sitz eine Wolldecke hervor. Er gab sie mir, damit ich mich darin einwickeln konnte.

»Hier bei uns ist es kalt«, sagte er. »Der Umhang, den Sie da haben, ist nicht warm genug für den Winter.«

Er sah mich neugierig an und fragte sich wahrscheinlich, weshalb ich im Januar nach Tancred fahren wollte. Er hatte ein breites, rotes Gesicht, aber sein Hemd war sauber. Ich dankte ihm lächelnd für die Decke und bestätigte, daß es wirklich sehr kalt war.

»Warum wollen Sie denn nach Tancred?« fragte er.

»Ich werde dort arbeiten«, erwiderte ich.

Er ließ die Zügel sinken und wandte sich zu mir um. Sein Blick war verwundert, ja fast bestürzt, doch er sagte nichts. Schweigend setzten wir unsere Fahrt fort, bis wir Loxham erreichten.

Der Händler hielt. »So, hier muß ich abladen«, sagte er. »Dann fahre ich wieder nach Brighton zurück, und wenn Sie vernünftig sind, fahren Sie mit. Glauben Sie mir, dieses alte, düstere Haus ist nichts für so ein kleines Ding wie Sie.«

»Ich danke Ihnen, aber ich muß nach Tancred. Ich habe doch dort eine Stellung angenommen.«

»Na, wenn schon. Kommen Sie lieber mit nach Brighton zurück.«

»Vielen Dank, daß Sie mich mitgenommen haben«, sagte ich kühl. »Hier sind Ihre sechs Pence, und jetzt muß ich gehen.« Ich reichte ihm das Geldstück. Zu meiner Überraschung schüttelte er den Kopf.

»Behalten Sie Ihr Geld. Das werden Sie dringend brauchen, dort wo Sie hingehen.«

»Aber wir haben doch ausgemacht, daß ich Ihnen sechs Pence bezahle«, widersprach ich.

Ärgerlich schüttelte er den Kopf und reichte mir die Reisetasche. »Gott verzeih mir, daß ich jemanden nach Tancred gebracht habe. Es soll nicht heißen, daß Reuben Tyler dafür auch noch Geld genommen hat.«

Da sein Entschluß gefaßt schien, steckte ich die Münze wieder ein. Ich ergriff die Reisetasche. »Würden Sie mir bitte den Weg zeigen?«

Nachdem er meiner Bitte nachgekommen war, ging ich los. Ich war noch nicht weit gekommen, als ich hinter mir seine Stimme hörte. Er kam mir nachgelaufen und schwenkte die Decke.

»Hier, behalten Sie die«, sagte er. »Sie werden sie da oben bitter nötig haben. Und vergessen Sie nicht, wenn Sie Hilfe brauchen, fragen Sie nach Reuben Tyler. Man kennt mich. Vergessen Sie nicht, Reuben Tyler!«

Ich streckte ihm die Hand entgegen, um mich zu bedanken. »Gott segne Sie, Reuben Tyler. Sie sind ein guter Mensch.« Einen Augenblick wurde meine Hand von seiner umschlossen, von einer dicken, rauhen Hand, dann wandte ich mich ab und setzte meinen Weg fort. Als ich nach einer Weile zurücksah, stand er immer noch auf dem Pfad und blickte mir nach.

Das Dorf Loxham blieb hinter mir zurück, und nach und nach wurde der Weg immer schmaler. Ich brauchte lange Zeit, bis ich die Hügel hinter mir gelassen hatte. Es war dunkel geworden, und ich hatte Angst, mich zu verirren. Anscheinend kam ich dem Meer immer näher, denn jetzt brauste mir ein eisiger Wind um die Ohren. Ich fror trotz der Wolldecke bitterlich. Der Wind pfiff und heulte fast wie ein unheimliches Lebewesen, und zum erstenmal, seit ich meine Heimat verlassen hatte, hatte ich Angst.

Diese Angst sollte mich in den folgenden Monaten nicht mehr verlassen.

Es war schon lange dunkel, aber die Nacht war so hell, daß ich das Herrenhaus von Tancred deutlich erkennen konnte. Es hob sich als wuchtiger Block vor dem helleren Himmel ab. Wie eine Festung stand es hoch oben auf den Klippen, vom eisigen Wind umheult. Die nächtliche Einsamkeit, die Kälte und der Sturm waren wohl der Grund dafür, daß mir das Gebäude geradezu furchteinflößend vorkam. Noch nie hatte ich ein so unheimliches Haus gesehen.

Endlich hatte ich es erreicht und stand auf dem schmalen, mit Kies bedeckten Hof an der Vorderseite des Hauses. Ich versuchte, mein Kleid und meinen Umhang glattzustreifen, als ich die steinernen Stufen vor der Haustür emporstieg. Dann zog ich an dem Seil, das neben der Tür herabhing.

Ich wartete. Drinnen im Haus war kein Laut zu vernehmen. Schließlich zog ich noch einmal kräftig an der Klingelschnur.

Dabei löste sich das am Glockenzug befestigte Seil, fiel herab und wickelte sich wie eine Schlange um meine Hand. Ich schrie laut auf und schämte mich gleich darauf dieser hysterischen Reaktion.

Aber weder mein Schrei noch das Läuten der Glocke rief jemanden zur Tür. Schließlich ging ich die Stufen wieder hinab und machte mich auf die Suche nach dem Hintereingang. Ich fror erbärmlich und wartete ungeduldig darauf, endlich ins Warme zu kommen.

Rasch schritt ich an der Vorderseite des Hauses entlang und bog um die Ecke. Die Seitenwand zeigte, daß das Haus wesentlich breiter als tief war. Ich hatte rasch die Rückseite erreicht, die dem Meer zugewandt war. Dann entdeckte ich einen dünnen Lichtstreifen in einem Fenster im Souterrain.

Einige Stufen führten zu einer Tür hinab. Ich eilte sie hinunter. Gelächter schlug mir entgegen, und dann war das Scharren eines Stuhles zu hören. Diese Geräusche sollten mir in ihrer Alltäglichkeit eigentlich wohlgetan haben, doch sie schienen mir seltsam bedrohlich. Die schrille Stimme einer Frau war zu hören und als Antwort das tiefe Brummen eines Mannes. Ich klopfte an die Tür. Das Gelächter wurde lauter, ich hörte die Frauenstimme aufkreischen, dann fiel etwas klirrend auf den Steinfußboden.

Ich hielt es einfach nicht mehr länger aus. Der schreckliche Wind und die unheimlichen Geräusche der Nacht ließen mich den Rest meiner Beherrschung verlieren. Mit beiden Fäusten hämmerte ich gegen die Tür. »Laßt mich ein! Laßt mich ein!« rief ich verzweifelt.

Drinnen wurde es still. Dann ging die Tür langsam auf, das mißtrauische Gesicht einer jungen Frau erschien im Türspalt.

»Was ist denn?« fragte sie.

»Bitte lassen Sie mich ein!«

Widerwillig öffnete sie die Tür etwas weiter. Ich drängte mich ins Haus. Wärme schlug mir entgegen, und ich bemerkte, daß ich in einer Küche stand.

»Sie zittern ja«, sagte das Mädchen. »Da, das wird Ihnen guttun.« Sie drückte mir einen Zinnbecher in die Hand. Er war heiß, und ich spürte, wie die Wärme in meine erstarrten Finger drang. Meine Zähne schlugen laut gegen den Rand, als ich einen tiefen Schluck nahm. Das Getränk rann mir wie Feuer durch die Kehle. Ich mußte husten und rang nach Luft. Wieder erklang das kehlige Lachen eines Mannes. Das Getränk wärmte mich. Dann sah ich mich nach meiner Reisetasche um, weil ich mir das Gesicht abwischen wollte.

»Ist Ihnen jetzt besser?« fragte das Mädchen.

Es war schwer festzustellen, wie alt sie war. Möglicherweise Anfang zwanzig, doch irgend etwas an ihr wirkte viel älter. Sie hatte ein rundes, nicht häßliches Gesicht, aber ihr Haar war wirr und fettig. Das Kleid war unter dem Arm zerrissen, und rechts und links waren auf ihrem Rock zwei große schmutzige Flecke. Dort schien sie sich immer die Hände abzuwischen.

Im Herd der Küche brannte ein kleines Feuer, und auf dem Boden lag ein Haufen schmutziger Pfannen. Der Fußboden bestand aus Stein, aus demselben grauen Stein, aus dem das ganze Haus erbaut war. Allerdings konnte man die Farbe nicht mehr erkennen, denn der Boden war mit einer dicken Schmutzschicht bedeckt. Irgendein übelriechendes Gericht kochte in dem schmutzigen Topf auf dem Feuer. Obwohl der Geruch alles andere als appetitlich war, wurde mir doch plötzlich bewußt, daß ich seit dem Morgen nichts mehr gegessen hatte.

Aus der anderen Ecke des Raumes kam jetzt wieder das rauhe kehlige Lachen, und dann sagte eine Männerstimme: »Dieses Mäuschen will ich mir doch mal genauer ansehen.«

Ein Mann trat auf mich zu. Ich wandte rasch den Blick von ihm ab. Obwohl ich in einer Familie mit fünf Söhnen aufgewachsen war, hatte ich noch nie etwas so Obszönes gesehen.

Er war groß und dick, und seine Haut glänzte ölig, wie es bei vielen dicken Leuten der Fall ist. Dichtes rotes Haar wuchs ihm bis tief in die Wangen hinein und hing ihm über den Kragen. Er hatte ein primitives, unsympathisches Gesicht, aber was vor allem abstoßend war und mich den Blick abwenden ließ, war der Anblick seiner nackten Brust, die mit feuchtem roten Haar bedeckt war, und seines unbekleideten Bauches. Er trug kein Hemd unter seiner offenen Weste, und außerdem war auch noch der oberste Knopf seiner Hose geöffnet.

Er trat dicht an mich heran und legte mir die Hand auf den

Hals. Sie war dick und feucht und hinterließ eine nasse Stelle auf meiner Haut, als er sie wieder wegnahm.

»Na, so ein stilles Mäuschen«, sagte er grinsend. Seine Zähne waren teilweise schwarz, und ein übler Geruch wehte mir aus seinem Mund entgegen. Ich schloß die Augen, um mich seinem ekelerregenden Anblick zu entziehen.

»Sieh mal an!« trompetete er mit der Freude eines Kindes, das ein neues Spielzeug entdeckt hat. »Schau nur, Mary, was wir hier für ein scheues Reh haben. Die wird ja noch rot, wenn ein Mann vor ihr steht. Ich wette, Mary, dieses Mäuschen hat irgendwo in seiner schäbigen alten Tasche eine Bibel versteckt.«

Das Mädchen sah mich unbehaglich an und stieß ihn zur Seite. »Hau ab, Matt«, sagte sie. »Kümmere dich drum, daß der Ofen des gnädigen Herrn nicht ausgeht. Ich zeig ihr inzwischen ihr Zimmer.«

Er kratzte sich den nackten Bauch und grinste mich an.

»Also schön, Mäuschen«, sagte er zu mir, »aber wir werden uns schon noch besser kennenlernen, wir zwei beide, darauf kannst du dich verlassen.«

Sein Lachen hallte im Gang wider, als er die Küche verließ. Mary sah mich verlegen an. »Ärgern Sie sich nicht über Matt. Er meint es nicht so. Sie müssen keine Angst vor ihm haben. Er ist gar nicht so schlimm.«

Dann führte sie mich aus der Küche. Wir gingen eine kurze Treppe empor und dann einen langen, engen Gang entlang, dessen fernes Ende in Dunkel gehüllt war. Die Lampe in Marys Hand gab nur ein schwaches Licht. Die Wände des Korridors, durch den wir gingen, waren mit dunklem Holz getäfelt.

»So, hier sind wir«, sagte Mary und öffnete eine Tür. Sie ließ mich in den düsteren Raum vorangehen und folgte mir mit der Lampe.

Es war ein großes Zimmer. Drei Kommoden, zwei Schränke, ein Waschtisch mit Kanne und Schüssel standen darin, und ein riesiges Bett mit einem hölzernen Himmel, der von vier Säulen getragen wurde. Mit Hilfe der Petroleumlampe, die sie in der Hand hielt, entzündete Mary eine andere, die auf einer der Kommoden stand.

»Ist das Ihr ganzes Gepäck?« fragte sie mit einem Blick auf die Reisetasche. Als ich nickte, fuhr sie fort: »In zehn Minuten komme ich Sie holen.«

Ich trat zum Waschtisch. Der Krug war gefüllt. Dann zog ich mich aus. Es war bitterkalt im Raum, und das eisige Wasser brannte auf meiner Haut. Als ich mich gewaschen hatte, wickelte ich mich in die Decke des guten Reuben Tyler und versuchte, mein Zittern zu bekämpfen. Ich war hungrig und durchgefroren und hatte Heimweh.

Als Mary ohne anzuklopfen eintrat, saß ich noch in mich zusammengesunken auf dem Bettrand.

»Sie weinen ja«, stellte sie erstaunt fest.

Ich erwiderte nichts, griff nach meinem Kleid und zog es an.

»Die gnädige Frau will Sie sehen«, sagte Mary.

Das Mädchen führte mich wieder den langen Korridor entlang und die Treppe hinab ins Erdgeschoß. Dann ging es einen anderen Gang entlang, bis sie vor einer schweren Tür stehenblieb. Sie klopfte, dann drückte sie die Klinke herunter und ließ mich eintreten.

Das Zimmer, das ich betrat, war mit vornehmer Eleganz ausgestattet, doch alles schien etwas verblichen und verstaubt. Es fiel mir auf, daß kein Feuer im Kamin brannte. Über dem Kaminsims hing ein großes Porträt. Der Boden war mit dicken Teppichen bedeckt. Ich hatte keine Zeit, mich noch genauer in dem imposanten Raum umzusehen, denn Mrs. Tancred rief mich zu sich.

Sie war alt, hatte schwarzes Haar und ebensolche Augen und sehr lange, schmale Hände. »Kommen Sie her, Miß Wakeford«, sagte sie, »hierher ans Licht, damit ich Sie sehen kann.«

Sie hatte ein hageres Gesicht, aus dem eine schmale Nase hervorstach, und obwohl sie anscheinend nicht gehen konnte, saß sie sehr gerade und aufrecht in ihrem Stuhl. Ein gestricktes Tuch bedeckte ihre Beine. Es war grau wie ihr Kleid. Ich hoffte, daß sie keinen Knicks von mir erwartete, denn wir Quäker erweisen nur Gott solche Ehre. Ich streckte ihr deshalb zum Gruß die Hand entgegen. Vielleicht überraschte sie das, aber sie ließ es sich nicht anmerken, sondern drückte mir die Hand und wandte mich dann dem Licht zu.

»Ja, das dachte ich mir schon, daß Sie sich so kleiden würden«, sagte sie, »obwohl es ja wirklich schade ist, daß so ein junges Ding wie Sie immer in Schwarz herumlaufen muß. Nun, Sie werden sehen, daß wir Ihnen hinsichtlich Ihres Glaubens und Ihrer Sitten keinerlei Vorschriften machen. Das können Sie halten, wie Sie wollen.« Sie nickte mir hoheitsvoll zu und musterte mich eingehend.

Meine Blicke wurden von einem seltsamen Gegenstand in einer Ecke des Zimmers angezogen. Ich wußte, was es war, denn ich hatte so etwas schon einmal bei uns im Dorf gesehen, im Haus des Lehrers. Es war ein Webstuhl für Teppiche, ein großes, häßliches Gestell aus Holz, von dem viele bunte Fäden herabhingen. Nicht der unerwartete Anblick eines solchen Gerätes überraschte mich, sondern die grellen Farben des halbfertigen Teppichs. Sie waren laut und schreiend, paßten überhaupt nicht zusammen und wirkten erschreckend und gewöhnlich. Auf alle Fälle entsprachen sie ganz und gar nicht der vornehmen alten Dame im Rollstuhl.

»Hat Ihnen Miß Llewellyn gesagt, was Sie hier zu tun haben?« fragte Mrs. Tancred.

»Ich sollte Ihnen helfen, Ihre Enkelin zu erziehen und auch als Schneiderin arbeiten.«

Die imposante alte Dame machte ein etwas unbehagliches Gesicht. Sie drehte ihren Stuhl ein wenig vom Licht ab, so daß ich ihre Miene nicht mehr so klar erkennen konnte. Später stellte ich fest, daß sie ihren Stuhl mit erstaunlicher Behendigkeit im Haus umherlenkte.

»Die meisten Arbeiten macht Mary«, sagte Mrs. Tancred. »Sie ist zwar etwas ungeschliffen, aber darüber muß man eben hinwegsehen. Esmee läßt sich jedoch von Mary nichts sagen. Die Mutter der Kleinen ist tot, müssen Sie wissen, und deshalb hat mein Sohn die Erziehung des Kindes mir übertragen. Sie sind doch sicher fähig, ein Kind zu betreuen?«

»Ich glaube ja, Madam.«

»Vielleicht sollten Sie die Kleine etwas zu zügeln versuchen. Und etwas lernen sollte sie auch.« Nach kurzem Zögern fuhr sie fort: »Das Kind ist ein wenig .... schwierig. Esmee ist jetzt zwölf und ist eigentlich viel zu frei aufgewachsen. Das muß sich ändern.«

Ich fragte mich, was sie mir mit ihren Worten beibringen wollte. Es blieb mir jedoch keine Zeit, lange darüber nachzudenken, denn sie fuhr fort:

»Seit meinem Unfall habe ich den Haushalt von meinem Rollstuhl aus geführt. Sie können sich denken, daß dies keine ideale Lösung ist. Ich benötige Ihre Unterstützung dabei. Mary ist recht fleißig, aber leider nicht sehr ordentlich. Sie braucht jemanden, der sie beaufsichtigt.«

»Wieviel Mägde sind denn außerdem noch im Haus, Madam?« fragte ich.

Diesmal bildete ich mir gewiß nicht nur ein, daß Mrs. Tancred durch meine Frage in Verlegenheit geriet. Ihre schwarzen Augen sahen mich ärgerlich an. »Zur Zeit haben wir nur Mary. Und Matt, den Diener meines Sohnes. Es ist hier nicht alles so, wie es sein sollte, aber das läßt sich leicht einrenken. Man braucht nur Fleiß und Umsicht dazu.«

Offensichtlich würde ich mir meine sechs Guineen im Jahr schwer verdienen müssen. Ich sollte Mrs. Tancred als Haushälterin, Erzieherin, Schneiderin und, da nur Mary für die schwere Arbeit da war, auch als Hausmädchen und Putzfrau dienen.

»Jetzt im Dunkeln sehen Sie natürlich nicht viel vom Haus«, fuhr sie fort, »aber morgen werden Sie bemerken, wie schön es ist. Solch einen Prachtbau finden Sie weit und breit nicht. Man könnte das Haus durchaus als Schloß bezeichnen. Nicht weniger als fünf Könige waren in den letzten 400 Jahren hier zu Gast. In ganz Sussex finden Sie kein älteres und schöneres Gebäude.«

Ich dachte zuerst, sie mache einen Witz, der ihr helfen sollte, die Scham zu überwinden, die sie angesichts ihres Besitzes erfüllte. Soviel hatte ich schon bei meiner kurzen Anwesenheit in Tancred entdeckt, daß von der einstigen Pracht des Herrensitzes nicht mehr viel übrig war. Alles am und im Haus schien alt, verstaubt, beschädigt oder verfallen zu sein. Dann wurde mir klar, daß Mrs. Tancreds Worte völlig ernstgemeint waren. Ich empfand Mitleid mit ihr, als ich merkte, daß sie so stolz auf dieses alte Gemäuer war.

»Hat Ihnen Miß Llewellyn von Tancred erzählt?« fragte sie mich.

»Nicht viel, Madam. Sie hat mir nur berichtet, daß sie zu Ihnen gekommen ist, als Sie Richard Tancred heirateten, und daß sie dann mehrere Jahre bei Ihnen war.«

Die alte Dame beugte sich vor. Auf ihrem Gesicht lag ein Lächeln. »Er war mein Vetter, und schon von Kindheit an träumte ich davon, eines Tages Herrin auf Tancred zu werden. Sie hätten die Bälle sehen sollen, die wir damals veranstalteten! Jede Woche gaben wir ein glänzendes Fest, auch Konzerte und Theateraufführungen. Wir hatten den Weg verbreitern lassen, damit die prächtigen Equipagen unserer Gäste herauffahren konnten. Jedes Fenster war erleuchtet. Wir hatten ein bezauberndes Kammerorchester, und die Musiker wohnten ständig hier im Haus. Der ganze Adel weit und breit und alles, was Rang und Namen hatte, fühlte sich geehrt, nach Tancred eingeladen zu werden. Kommen Sie« — sie klopfte ungeduldig auf die Armlehne ihres Rollstuhls —, »schieben Sie mich in den Korridor hinaus. Ich will Ihnen etwas zeigen. Dann werden Sie besser verstehen, was Tancred ist und war.«

Sie nahm eine Lampe von einem Tisch, und ich schob die alte Dame zur Tür und hinaus in den Gang.

»Dorthin!« befahl sie hoheitsvoll, und ich schob sie den langen Korridor entlang, der kein Ende zu nehmen schien. Er hörte an einer hohen eisernen Tür auf. Ich öffnete sie und schob Mrs. Tancred hindurch.

Wir befanden uns jetzt in einem großen Saal. Über mir konnte ich den Schatten einer Galerie sehen, die sich über die gesamte Längswand erstreckte. Die Wände des Saales waren mit großen Porträts bedeckt.

»Hier, sehen Sie!« Mrs. Tancred hob die Lampe dem ersten Ahnenbild entgegen. »Das ist der Stammvater, Mandel Tancred, und hier neben ihm, das ist seine Frau, eine schwedische Prinzessin. Sie wurde von ihm für eine Schiffsladung Schafspelze eingetauscht.«

Es kostete mich Mühe, ein Lachen zu unterdrücken.

Ich mußte Mrs. Tancred an der langen Reihe der Gemälde entlangschieben und mir die Erklärungen zu den einzelnen Bildern anhören. Es war eine imponierende Reihe von Ahnen, die an der düsteren Wand des hohen, eisigen Saales hingen.

Als wir ans Ende des Saales kamen, sah ich eine eiserne Tür, ähnlich der, durch die wir eingetreten waren.

»Wo führt denn diese Tür hin, Mrs. Tancred?« fragte ich.

»Zu den Räumen meines Sohnes.«

»Bewohnt er die ganze andere Hälfte des Hauses?« Ich war zu dem Ergebnis gekommen, daß der Saal sich genau in der Mitte des Herrenhauses befand und daß ich bisher nur den westlichen Flügel des Hauses gesehen hatte.

»Einige Räume dieses Flügels werden nicht mehr bewohnt«, erwiderte Mrs. Tancred. »Sie sind verschlossen. So, und jetzt fahren Sie mich an der anderen Wand entlang. Sie haben noch längst nicht alle Tancreds gesehen.«

Wir bewegten uns langsam von einem Bild zum anderen. In den letzten zweihundertfünfzig Jahren hatten die Tancreds ihr Vermögen anscheinend durch die Schiffahrt angesammelt, denn die abgebildeten Ahnen waren meistens Kapitäne der englischen Handelsmarine.

Auf halbem Wege zwischen den beiden Türen kamen wir zum letzten Porträt. Das Gesicht des Mannes, der darauf abgebildet war, erweckte einen ganz ungewöhnlichen Eindruck. Noch nie hatte ich einen Menschen gesehen, der zugleich so schön und so teuflisch aussah.

Ich bemerkte, daß auch Mrs. Tancred wie gebannt auf das Bild blickte. In ihren Zügen zeigte sich Haß. »Das ist mein verstorbener Mann, Richard Tancred«, sagte sie. »Das Bild wurde noch vor unserer Ehe gemalt.«

Schweigend betrachteten wir das Gemälde. Es zeigte einen Mann, der an einer Marmorsäule lehnte, mit einem wolkenbedeckten Himmel als Hintergrund. Die Szenerie war typisch für Porträts der Mitte des 19. Jahrhunderts, aber am Gesicht des Mannes war nichts Modernes oder Modisches zu bemerken. Lange, schmale Augen standen etwas schräg in dem Gesicht, das jung und zugleich sehr alt wirkte. Der Mund war sehr sinnlich, schön geformt und wirkte überaus verworfen. Er lächelte nicht, aber dennoch wurde der Eindruck eines heimlichen, zynischen Lächelns erweckt. Das Gesicht des Mannes strahlte etwas absolut Böses aus, ohne daß man sagen konnte, durch welchen der Gesichtszüge dieses schönen Mannes es zum Ausdruck kam.

»Soll ich Sie jetzt zurückbringen, Mrs. Tancred?« Meine Worte hallten unheimlich in dem kahlen Saal wider. Die alte Frau hielt den Blick fest auf das Bild gerichtet und antwortete nicht.

»Mrs. Tancred?« Ich beugte mich besorgt zu ihr nieder.

»Richard Tancred, Richard Tancred, Richard Tancred ...«, murmelte sie wie in Trance immer wieder vor sich hin. Sie schien vergessen zu haben, daß ich hinter ihr stand.

»Mrs. Tancred! Bitte, Mrs. Tancred, lassen Sie uns zurückgehen!« Ich berührte ihre Schulter, um sie aus ihrer unheimlichen Versunkenheit zu reißen, aus der schrecklichen Zweisamkeit mit dem Mann auf dem Bild, die sie ganz gefangengenommen hatte. Endlich hörte sie mich.

»Ja. Bringen Sie mich zurück«, sagte sie, wie aus einem bösen Traum erwachend.

Hastig schob ich sie aus dem Saal. Fest schloß ich die eiserne Tür hinter uns.

Das Abendessen war eine der traurigsten Mahlzeiten, die ich je erlebt hatte. Zuerst gab es eine Wassersuppe, die nach gar nichts schmeckte, dann ein altes Stück Fleisch und danach ein Stück Käse, von dem man anscheinend den Schimmel abgeschnitten hatte. Ich war jedoch so hungrig, daß ich alles aß, was man mir auf den Teller legte. Es war wenig genug und stillte kaum meinen Hunger, der mir nicht einmal durch das Haar verging, das an dem Käse klebte.

Mrs. Tancred und ich saßen jeder an einer Seite des quadratischen, schweren Eichentisches. Zwei weitere Gedecke waren aufgelegt, doch niemand ließ sich an diesen Plätzen nieder.

Als wir fertig waren, kam Mary, die noch immer ihr zerrissenes, schmutziges Kleid trug, um abzuräumen.

»Wo ist denn Esmee?« fragte Mrs. Tancred.

Mary zuckte die Achseln, ergriff den Rest des Käses mit den Fingern und legte ihn vom Teller auf das Tablett. »Irgendwo. Keine Ahnung.«

Klappernd stellte sie das Geschirr zusammen und verließ das Zimmer. Mrs. Tancred bedachte mich mit jenem seltsamen Blick, in dem sich Ärger und Verlegenheit mischten und der mir jetzt schon wohlvertraut war.

»Meine Enkelin kommt sicher bald«, sagte sie dann. Nach einem Blick auf die beiden Stühle, die freigeblieben waren, fügte sie hinzu: »Mein Sohn nimmt seine Mahlzeiten für gewöhnlich in seinen Räumen ein.«

Obwohl ich erst so kurze Zeit in Tancred war, wunderte ich mich schon nicht mehr über die seltsamen Gewohnheiten einer Familie, in der alle drei Generationen ihre eigenen Wege gingen. In diesem unwirtlichen Haus schien das ganz normal.

Dann öffnete sich sehr leise die Tür, und ein Kind schlüpfte ins Zimmer.

»*Bonsoir, Grand-mère.*«

»Sprich Englisch, Esmee!« befahl ihre Großmutter.

Sie war ein seltsames kleines Ding, dünn und mit schwarzen

Augen wie ihre Großmutter. Das Kleid, das unter ihrer schmutzigen Schürze hervorsah, war viel zu lang.

»*Grand-mère* mag es nicht, wenn ich Französisch spreche.« sagte sie zu mir. Mrs. Tancred war offensichtlich zornig, doch erstaunlicherweise schien sie gleichzeitig Angst vor dem kleinen Mädchen zu haben.

»Esmee, das ist Miß Wakeford, die zu uns gekommen ist, um dich alles zu lehren, was eine Erbin von Tancred wissen muß.«

Das Kind erwiderte nichts. Sie sah mich nur mit ihren seltsam glitzernden, schwarzen Augen an.

»Hast du schon gegessen?« fragte ich, da sich ihre Großmutter nicht darum kümmerte.

»Ja. Mit Matthew.«

»Am besten bringen Sie Esmee jetzt ins Bett«, sagte Mrs. Tancred zu mir. »Ihr Zimmer ist neben dem Ihren. Mary wird warmes Wasser zum Waschen bringen.«

Als ich Esmee in ihrem Zimmer beim Ausziehen half, bemerkte ich mit Entsetzen, daß sie weder Strümpfe noch ein Hemd unter dem Kleid trug. Außerdem war ihr kleiner, magerer Körper alles andere als sauber. Ich stellte die Waschschüssel auf den Boden und ließ sie hineintreten. Dann schrubbte ich sie von Kopf bis Fuß ab. Dabei sang sie ein seltsames Lied vor sich hin. Die Sprache verstand ich nicht, und ich nahm deshalb an, daß es Französisch war.

»Esmee, warum mag deine Großmutter nicht, daß du Französisch sprichst?« fragte ich.

Sie warf mir einen raschen Seitenblick zu. Nach kurzem Schweigen erwiderte sie: »Mama war Französin. Von ihr hab' ich das Lied gelernt.«

Dann sang sie wieder die seltsam eintönige, melancholische Melodie, die aus einer kurzen Tonfolge bestand, die sich ständig wiederholte. Als ich Esmee gründlich gewaschen hatte, kämmte ich sie und flocht ihr Haar in zwei Zöpfe.

»Morgen werde ich dir die Haare waschen und dafür sorgen, daß du Strümpfe und ein Hemd bekommst.«

»Warum hast du eine weiße Mütze auf?« fragte sie.

»Weil ich Quäkerin bin«, erklärte ich ihr. »Alle Quäker-Mädchen und -Frauen tragen solche weiße Hauben.«

Esmee legte den Kopf auf die Seite. »Was ist denn ein Quäker?« wollte sie wissen.

Doch ehe ich antworten konnte, begann sie wieder ihr seltsames Lied zu singen.

»So, jetzt sag schön dein Gebet«, befahl ich ihr, »und dann ins Bett.«

Das Singen brach jäh ab, und wieder sah sie mich mit schief geneigtem Kopf an, fast wie ein Vogel.

»Mein Gebet?« fragte sie verwundert.

»Ja, natürlich.«

»Was soll ich denn sagen?« fragte sie neugierig.

Darauf wußte ich keine Antwort. Die Kinder unserer Gemeinde kannten ihre Gebete, sobald sie sprechen konnten. Was sollte ich diesem seltsamen Kind, das offensichtlich kein Gebet kannte, antworten? Dann fiel mir ein Kindervers ein, den ich irgendwann einmal gehört hatte, der aber nicht aus dem Quäker-Gebetbuch stammte.

Liebes Jesuskind gib acht,
wenn ich schlafe heute nacht,
halt das Böse fern von mir,
dafür will ich danken dir.

Ich ließ sie auf dem Bett niederknien, die Hände falten und sagte ihr die Worte vor. Sie sprach sie mir nach. Als wir geendet hatten, bemerkte sie ängstlich: »Hilft das auch bestimmt?«

»Ob es hilft?« fragte ich verständnislos.

»Ich meine, kann mir Großvater dann nichts tun?« Besorgt sahen ihre schwarzen Augen zu mir empor.

Ein kalter Schauer lief mir bei ihren Worten über den Rücken.

»Natürlich kann dir dein Großvater nichts tun. Er lebt doch nicht mehr. So, jetzt leg dich hin und schlaf schön.«

3

Als ich erwachte, fiel graues, trübes Licht durch die Löcher in den Übergardinen. Es war bitterkalt im Zimmer, als ich aufstand und zum Fenster ging. Ich zog die Vorhänge zurück. Eine Staubwolke stieg dabei auf.

Vor mir lag die kahle Landschaft, und in einer Entfernung sah ich Esmees dünne kleine Gestalt einen Hügel hinauflaufen. Sie fuchtelte wild mit den Armen, während sie durch den frühen

Morgen rannte, und über ihrem Nachthemd trug sie als eine Art Umhang meine Wolldecke, die wie eine Schleppe hinter ihr herwallte.

Ich öffnete das Fenster und rief Esmee zu, sie solle zurückkommen, doch entweder hörte sie mich nicht, oder sie beachtete mich nicht. Schließlich hatte sie die Hügelkuppe erreicht und verschwand auf der anderen Seite.

Rasch wandte ich mich vom Fenster ab, um mich anzukleiden.

Mary war in der Küche. Sie lag auf einem Strohsack neben dem Herd, und mit leisem Schaudern sah ich, daß sie das zerrissene Kleid mit den großen Fettflecken auch nachts anbehielt. Sie gähnte und fuhr sich mit den Fingern durch das wirre Haar.

»Mary, Esmee rennt im Nachthemd draußen herum.«

Sie zog sich die Decke bis ans Kinn. »Das tut sie oft«, erwiderte Mary. »Manchmal bleibt sie zwei oder drei Tage weg. Irgendwann kommt sie aber immer zurück. Sie brauchen sich keine Sorgen zu machen.«

Ich nahm die Kette ab, mit der die Küchentür von innen gesichert war, und schloß auf. Draußen war es bitterkalt, obwohl der Wind nicht mehr gar so heftig wehte. Ich eilte hinaus und rannte den Hügel hinauf hinter der wilden Erbin von Tancred her.

Als ich die Hügelkuppe erreicht hatte, blieb ich heftig atmend stehen. Jetzt erst bemerkte ich, daß es sich bei den Felsbrocken, die hier in seltsamer Regelmäßigkeit im Kreis standen, um Drudensteine handelte. Zum Teil waren sie umgefallen und schon in die Erde eingesunken, doch der Kreis war noch genau zu erkennen, so wie er in grauer Vorzeit errichtet worden war.

Der Wind pfiff um die alten Steine, als könne er sich erinnern an das, was hier vor unendlich langer Zeit geschehen war. Links neben mir hörte ich ein leises Lachen, und ich wandte mich um. Niemand war zu sehen. Eilig lief ich dem Geräusch nach, doch als ich es zum nächsten Mal vernahm, ertönte das Lachen hinter einem der Drudensteine hervor. Ich eilte dorthin, aber nun erklang es auf der anderen Seite, und gleich darauf entfernte es sich zum Meer hin.

Ich war ärgerlich auf Esmee, die mich an der Nase herumführte. Jetzt wehte mir der Wind ihr seltsames französisches Lied herüber. Rasch eilte ich in die Richtung, aus der es kam. Dann begann ich schneller zu rennen, um sie einzuholen.

Es ist mir unerklärlich, weshalb ich plötzlich mitten im Lauf stehenblieb. Irgendein Instinkt warnte mich und hielt mich im letzten Augenblick vor dem Abgrund zurück, der sich plötzlich vor mir auftat. Der Rand der Klippen, auf denen Haus Tancred lag, schnitt hier weit ins Landesinnere ein. Das bemerkte man erst, wenn man dicht davor stand, weil Gestrüpp und dürres Gras hier den Rand der Klippen bedeckten.

Mir stand kalter Schweiß auf der Stirn. Gut zweihundert Meter unter mir sah ich die Wogen des Meeres den Strand bespülen. Langsam wich ich zurück. Mir kam der schreckliche Verdacht, daß Esmee mich absichtlich hierhergelockt hatte, in der Hoffnung, daß ich in die Tiefe stürzen würde. Schnell wies ich diese Idee von mir. So etwas war doch unvorstellbar. Es war unmöglich.

Ich wandte mich Tancred zu und sah zwischen dem Haus und mir einen Mann stehen. Auch er befand sich dicht am Rand der steil abfallenden Kreidefelsen und blickte aufs Meer hinaus.

Im ersten Moment hatte ich den völlig unsinnigen Gedanken, es könne Joseph Whittaker sein, der gekommen war, um mich heimzuholen. Die beiden Männer hatten eine gewisse Ähnlichkeit miteinander. Sie besaßen dasselbe schwarze Haar und den brünetten Teint. Allerdings war dieser Mann hier viel größer. Er konnte nur John Tancred sein.

Ich zweifelte nicht einen Moment daran, daß ich den Besitzer des düsteren alten Herrenhauses vor mir hatte, den Herren von Tancred, Esmees Vater und Mrs. Tancreds Sohn. Außerdem mußte ich zugeben — und obwohl ich diesen Gedanken erschreckt von mir wies —, daß auch eine gewisse Ähnlichkeit mit dem teuflisch-schönen Mann auf dem letzten Bild der Ahnengalerie vorhanden war.

Er war kein junger Mann mehr. Ich schätzte ihn auf Mitte dreißig. Sein blauschwarzes Haar, das dicht und wellig war, hätte längst geschnitten werden müssen und verlieh ihm ein zigeunerhaftes Aussehen, das dadurch verstärkt wurde, daß er nur ein Hemd mit weiten Ärmeln trug und keine Jacke. Ich fror erbärmlich in meinem Kleid, aber ihm schien der eisige Wind nichts auszumachen. Sein markantes Gesicht war außerordentlich attraktiv. Er war ein schöner Mann.

Als habe er meinen Blick gespürt, wandte er sich plötzlich zu mir um. Ich erstarrte vor Schreck. Es kostete mich Mühe, mein

Entsetzen nicht merken zu lassen, als ich die andere Seite seines Gesichtes erblickte. Es war von einer schrecklichen Narbe entstellt. Sein Auge war unverletzt, aber seine Wange war von der Narbe so verzerrt, daß der eine Mundwinkel zu einem schrecklich erstarrten Lächeln emporgezogen wurde.

Ich zwang mich, den Blick nicht abzuwenden. Stumm sahen wir uns an.

»Na, wie gefällt Ihnen mein Gesicht?« Seine Stimme klang rauh. Sie war sehr tief.

»Es ist häßlicher als manches andere und schöner als viele«, erwiderte ich in ruhigem Ton.

Er musterte mein schwarzes Kleid mit dem weißen Kragen und meine weiße Haube. »Was machen Sie denn hier?« fragte er dann.

»Ich heiße Miriam Wakeford, und ich bin hergekommen, um mich um Ihren Haushalt und Ihre Tochter zu kümmern.«

»Miriam Wakeford.« Er wiederholte den Namen nachdenklich. »Wie alt sind Sie, Miriam Wakeford?«

»Achtzehn, Sir.«

Er wandte sich wieder dem Meer zu. »Wo sind Sie zu Hause, Miriam Wakeford?«

»In einem kleinen Dorf, Sir. Auf einem Bauernhof.«

»Und warum haben Sie den Bauernhof verlassen?«

Es war merkwürdig, daß er einer Angestellten in seinem Haus so persönliche Fragen stellte. Es schien ihm nicht recht zu sein, daß ich nach Tancred gekommen war.

»Ich wollte gern woanders arbeiten, Sir.«

»Und Sie wollten hierher kommen?«

»Jawohl, Sir.«

Er wandte mir das Gesicht zu. Jetzt war ich schon auf seinen Anblick vorbereitet, und ich erschrak nicht mehr, als ich die Narbe sah.

»Sie hätten nicht herkommen sollen, Miß Wakeford. Sie hätten auf Ihrem Bauernhof bleiben sollen.« Er sprach so leise, daß ich seine Worte kaum verstand. »Sie können uns doch nicht helfen, Miß Wakeford.«

Dann wandte er sich ab und ging mit raschen Schritten zum Haus.

Ich folgte ihm langsam. Von hier aus sah das Gebäude sehr seltsam aus, hoch über dem Meer liegend und wie in den Himmel hineingebaut. Jetzt bemerkte ich auch den östlichen Flügel des Hauses, den Teil, der von John Tancred bewohnt wurde und in dem einige Räume nicht mehr benutzt wurden, wie mir Mrs. Tancred gesagt hatte. Am äußersten Ende war das Haus sogar schon zerfallen. Das Dach war eingesunken, und einige Fenster waren zerbrochen. Man hatte es nicht einmal für nötig gefunden, die Fensterhöhlen mit Brettern zu vernageln.

Dort wurde eine Tür, die nur lose in den Angeln hing, vom Wind auf und zu geschlagen, auf und zu. Ich lenkte meine Schritte dorthin. Sie befand sich vor einem engen Gang. Ich blickte zögernd hinein und konnte mich nicht recht entschließen, ihn zu betreten.

Plötzlich war ein Geräusch wie das Huschen eines kleinen Tieres neben mir. Esmee stürzte an mir vorbei und stellte sich mit ausgebreiteten Armen im Gang vor mir auf.

»Geh weg! Geh weg!« fauchte sie mich an. »Das ist mein Haus!«

»Wenn du es nicht willst, werde ich nicht hereinkommen«, erwiderte ich.

Die Decke war ihr von den Schultern geglitten, und ihre nackten Füße waren blau vor Kälte. Sie sah trotz ihrer zwölf Jahre so klein und kindlich aus, daß ich mich des Verdachtes schämte, der mir vorhin am Rand des Abgrundes gekommen war.

Ich wandte mich der Küchentür zu. Als Esmee sah, daß ich mich entfernte, folgte sie mir. Sie kam immer näher heran. Dann sagte sie mit ihrer hellen Kinderstimme ganz ruhig: »Mama ist nämlich dort drin.«

»Aber nein, Esmee. Deine Mutter ist doch im Himmel.«

Sie sah mich mit einem merkwürdigen Blick an. »Nein«, erwiderte sie und schüttelte den Kopf. »Sie ist dort. Sehen Sie mal.«

Sie ergriff meine Hand und zog daran, so daß ich mich umwenden mußte. Mein Blick war nun auf die verfallene Ecke des Hauses gerichtet. Die leeren Fensterhöhlen starrten uns an.

»Da, da ist sie!« rief Esmee. »Da ist Mama. Können Sie sie denn nicht sehen?«

Ich ergriff Esmees Hand fester. »Komm jetzt«, befahl ich und wandte mich der Küchentür zu. »Von nun an wirst du dich morgens erst anziehen, ehe du das Haus verläßt, und vorher wirst du mir sagen, wo du hingehst. Es kommt nicht in Frage, daß du in dieser Kälte im Nachthemd und mit nackten Füßen herumläufst. Und jetzt werden wir erst mal frühstücken.«

Sie zuckte die Achseln. »Wir brauchen noch nicht ins Haus zu gehen«, erwiderte sie. »Es dauert noch Stunden, ehe es etwas zu essen gibt.«

»Nein, du irrst dich. Es wird jetzt gleich etwas geben«, erklärte ich voller Entschlossenheit.

Fünf Stunden später hatte ich allen Schmutz vom Küchenboden geschrubbt. Brotteig ging in einer Schüssel auf, und Mary legte gerade Scheiben von ledrigem, kaltem Fleisch in eine Pfanne.

Ich hatte auch eine Art Frühstück zubereitet, einen einigermaßen nahrhaften Haferbrei, der wenigstens heiß gewesen war, wenn auch weder Milch noch Zucker vorhanden waren, um ihn etwas schmackhafter zu machen.

In der Speisekammer sah es recht traurig aus. Ich fragte Mary, wer die Einkäufe für den Haushalt machte.

»Mrs. Tancred gibt mir einmal im Monat Geld, und dann gehe ich ins Dorf und kaufe ein«, erwiderte sie.

Esmee mischte sich vom Herd her ein. Ich hatte ihr das Haar gewaschen, und nun mußte sie in der Wärme sitzenbleiben, bis es getrocknet war.

»Wenn Mary zurückkommt, dann gibt es Fasan und Sahne und Wein für Matthew . . .« Sie hielt inne, als sie einen warnenden Blick von Mary auffing.

»Es ist aber unvernünftig, einen Tag gut zu leben und den Rest des Monats zu hungern«, erklärte ich.

»Aber ich tue, was ich kann«, erklärte Mary mürrisch. »Wenn Sie denken, daß Sie's besser können, versuchen Sie es doch. Ich habe auch so genug Arbeit.«

»Das werde ich machen, wenn Sie nichts dagegen haben«, erwiderte ich. »Zu Hause habe ich oft für einen noch viel größeren Haushalt eingekauft.«

Sie warf ärgerlich den Kopf zurück. »Von mir aus«, sagte sie mürrisch. »Aber wenn Sie denken, daß Sie von dem bißchen Geld, das Mrs. Tancred rausrückt, was besseres oder mehr einkaufen können, irren Sie sich.«

Am Abend schob ich Mrs. Tancreds Rollstuhl ins Eßzimmer.

Obwohl ich sehr müde war, betrachtete ich doch den gedeckten Tisch mit einem gewissen Stolz. Das Tischtuch und die Servietten waren sauber. Esmee stand mit frisch gewaschenem Haar schon wartend hinter ihrem Stuhl. Ich glaube, Mrs. Tancred war überrascht von diesem Anblick, zumal Esmee obendrein noch reine Fingernägel hatte.

»*Bonsoir, Grand-mère.*«

Wie am Abend zuvor ärgerte sich Mrs. Tancred offensichtlich über diesen Gruß. Esmee beobachtete ihre Großmutter unter gesenkten Lidern hervor und wartete auf ihre Reaktion. Das gespannte Verhältnis zwischen Großmutter und Enkelin war äußerst unerfreulich. Um die Stimmung zu verbessern, sagte ich munter:

»Esmee wird jetzt immer mit uns essen, Madam. Sie ist alt genug, um gute Tischmanieren zu lernen.«

Mrs. Tancred nickte. Sie wirkte recht bedrückt. Dann sah sie mich an und lächelte. Es war ein strahlendes, warmes Lächeln, das sie erstaunlich verjüngte. Dabei fiel mir die Begegnung mit John Tancred ein. Wenn seine Mutter durch ein Lächeln so verwandelt wurde, konnte vielleicht auch aus ihm durch ein wenig Freude und Heiterkeit ein anderer Mensch werden.

Ich hatte eine schmackhafte, dicke Gemüsesuppe gekocht und das bißchen Fleisch, das noch vorhanden war, hineingetan. Da es keinen Nachtisch gab, hatte ich einen Laib des frischgebackenen Brotes aufgeschnitten und ihn mit einer kleinen Portion Butter serviert. Mrs. Tancred betrachtete fragend den Löffel und das Messer neben ihrem Teller, dann sah sie mich an.

»Ißt man so bei Ihnen auf dem Dorf?« sagte sie.

Es war eine sehr taktlose Bemerkung, denn in Anbetracht der Tatsache, daß nichts zu essen im Haus war, hatte ich ein recht ordentliches Mahl zusammengestellt.

»Es tut mir leid, wenn Sie mit meinem Essen nicht zufrieden sind, Madam«, erwiderte ich, »aber es sind leider keinerlei Vorräte im Haus.«

Sie errötete ein wenig, dann kostete sie die Suppe. »Sie schmeckt gut«, gab sie widerwillig zu.

»Ich bin bereit, für einen besseren Küchenzettel zu sorgen, wenn Sie mir die Planung und die Einkäufe überlassen«, sagte ich. »Wäre es nicht möglich, daß Sie mich das in Zukunft erledigen lassen? Ich habe es zu Hause auch oft getan.«

Zu meiner Verwunderung stimmte sie meinem Vorschlag sofort zu. »Ja, das ist eine gute Idee.«

»Außerdem muß Kleidung für Esmee gekauft werden. Sie hat keine Strümpfe, keine Taghemden, und sie besitzt auch keine Kleider, die nicht schmutzig und zerrissen sind.«

»Ich werde mit meinem Sohn darüber sprechen.«

»Ich meine nicht etwa, daß neue Kleider gekauft werden müssen, Madam. Wenn Sie vielleicht Stoff haben, kann ich Kleider und Schürzen nähen.«

»Ich werde Ihnen Sachen von mir geben. Die können Sie dann für Esmee umarbeiten.«

Nach dem Essen ließ sie sich von mir in ihr Zimmer schieben. Dabei fiel mein Blick auf den Webstuhl. Die Arbeit an dem Teppich schien inzwischen nicht fortgesetzt worden zu sein.

»Dort hinter dem Schrank steht eine Truhe, Miß Wakeford, öffnen Sie sie.«

Ich hob den schweren, eisenbeschlagenen Deckel hoch. Ein dumpfer Geruch nach alten Kleidern schlug mir entgegen, bestehend aus Schimmelgeruch und Lavendel. Die Truhe war bis obenhin mit alten Sachen gefüllt.

»Das sind die Kleider, die ich als junge Frau getragen habe«, sagte Mrs. Tancred. »Ach, hatte ich damals viel anzuziehen! Das können Sie sich gar nicht vorstellen. Sie werden daraus für Esmee sehr hübsche Sachen arbeiten können.«

Ich förderte einige Wollkleider zutage und auch einige Flanellhemden, aus denen ich Wäsche für Esmee nähen konnte. Dann fiel mir Mary ein. Sie durfte auch nicht weiter in ein- und demselben Gewand schlafen und arbeiten.

»Madam, hätten Sie vielleicht auch ein Kleid für Mary?« fragte ich.

Mrs. Tancred schien mit ihren Gedanken anderswo zu sein. »Ja, ja. Tun Sie, was Sie wollen.«

Hastig holte ich noch ein königsblaues Wollkleid aus der Truhe, legte die anderen Sachen wieder sorgsam zusammen und schloß den Deckel.

Als ich in mein Zimmer kam, wartete Mary dort auf mich.

»Bitte, sehen Sie doch nach Esmee«, sagte sie müde. »Sie will nicht einschlafen, ehe Sie kommen.«

Das Kind saß zusammengekauert in einer Ecke des Bettes. Die

Augen hatte sie weit aufgerissen. Ihr Gesicht hatte einen verstörten Ausdruck und wirkte auf mich geradezu unheimlich.

»Ich habe den Zauberspruch vergessen«, sagte sie.

»Welchen Zauberspruch?«

»Den Zauberspruch, der dafür sorgt, daß Großvater nicht kommen kann.«

Ich erschrak darüber, daß sie das Kindergebet, das ich ihr beigebracht hatte, für einen Zauberspruch hielt.

»Dein Großvater ist tot, Esmee, und deshalb kann er nicht mehr herkommen. Es gibt keine Gespenster. Das läßt der liebe Gott nicht zu.«

»Der liebe Gott hat auch Angst vor Großvater. Jeder hat Angst vor Großvater, Mama und Großmutter und Papa auch.«

»Aber Gott fürchtet sich vor niemandem, Esmee.«

»Und das Geräusch!« fuhr sie unbeirrt fort. »Sie werden das Geräusch auch hören. Es kommt immer wieder . . . und wieder . . . und wieder . . .« Einförmig wiederholte sie diese Worte wie eine monotone Melodie. Dann begann sie das seltsame Lied zu singen.

Mir war die Kehle wie zugeschnürt. Esmee sang mit sehr leiser Stimme. Plötzlich sah sie mir in die Augen.

»Sehen Sie, jetzt haben Sie auch Angst!« erklärte sie triumphierend, und ihr Blick, ihr seltsamer Blick flößte mir wirklich Furcht ein.

Ich stand auf und wandte mich der Tür zu.

»Nein, bleiben Sie!« rief sie heftig. »Bitte, sagen Sie mir, wie der Spruch heißt.«

Ich vermochte mich nicht länger zu widersetzen.

Ich sprach Esmee das Gebet vor, sie sagte es mir nach, und dann kuschelte sie sich beruhigt unter ihre Decke.

»Gute Nacht, Miß Wakeford«, sagte sie. »Und vergessen Sie nicht, es auch zu sagen, wenn Sie schlafengehen.«

4

In den folgenden Wochen gab ich mir redlich Mühe, die seltsamen Menschen in dem einsamen Haus auf den Klippen liebzugewinnen. Ich tat meine Arbeit und drängte mich niemandem auf, aber ich wäre willens gewesen, darüberhinaus Freundschaft und Sympathie zu schenken. Doch diese Bereitschaft interessierte niemanden.

Merkwürdigerweise wurde schließlich der einzige Mensch, der wirklich Grund hatte, mir Gram zu sein, mein Freund — zwar ein zurückhaltender Freund, aber doch jemand, der mir wohlgesinnt war und mit dem ich reden konnte. Wenn ich an Marys Stelle gewesen wäre, hätte ich sicher die Ankunft eines jüngeren Mädchens übelgenommen, das mir einfach die Leitung des Haushaltes aus der Hand nahm und mir sagte, was und wie ich kochen sollte.

Sie war darauf gefaßt gewesen, mich unsympathisch zu finden, aber dann sah sie, daß ich nichts von ihr verlangte, was ich nicht auch selbst tat. Ich scheuerte und schrubbte die Böden genauso wie sie, schnitt Zwiebeln und räumte die Asche aus dem Herd. Die Not machte uns zu Freundinnen, und wir stellten bald fest, wie gut diese Gemeinschaft in der Einsamkeit tat.

Ich gewann schließlich ganz ihr Herz, als ich das blaue Kleid für sie zurechtgemacht hatte. Während ich damit beschäftigt war, ließ ich sie in dem Glauben, daß ich es für Mrs. Tancred umänderte. Als es fertig war, gab ich es Mary.

»Das ist für Sie«, sagte ich.

Verständnislos betrachtete sie das Kleid. »Das gehört doch der Gnädigen.«

»Nein, jetzt gehört es Ihnen. Mrs. Tancred hat erlaubt, daß ich es für Sie zurechtmache.«

Ein Strahlen ging über Marys Gesicht. Dann wandte sie den Blick ab und sagte: »Sie haben sehr lange daran gearbeitet.«

»Hoffentlich paßt es«, erwiderte ich. »Ziehen Sie es doch mal an.«

Sie stand auf, schlüpfte aus dem schrecklichen Fetzen, den sie die ganze Zeit getragen hatte, und zog das neue Kleid über. Ich schloß ihr die Haken auf dem Rücken.

»Es steht Ihnen sehr gut«, sagte ich wahrheitsgemäß.

Mary drehte sich um sich selbst, daß der weite Rock um ihre Beine schwang. Erst jetzt fiel mir auf, daß sie ein recht hübsches Mädchen war, wenn sie nicht so mürrisch oder traurig in die Welt blickte.

»Passen Sie auf, ich wasche Ihnen das Haar«, schlug ich vor, »dann sehen Sie aus wie eine junge Dame.«

Es war ein unglücklicher Zufall, daß in diesem Augenblick Matthew Johnson in die Küche kam. Er hörte meine Bemerkung und sah Mary an, die glücklich ihr neues blaues Kleid betrachtete.

Ich konnte Matthew nicht leiden, und nicht nur deshalb, weil er derb und primitiv war. Die Männer bei uns zu Hause waren auch nur Bauern, aber sie verfügten über eine angeborene Ritterlichkeit und benahmen sich Frauen gegenüber stets respektvoll.

»Eine junge Dame!« Er lachte so laut, daß er husten mußte. »Mary eine junge Dame! Das ist gut!« Er lachte noch lauter und spuckte durch die Küchentür auf den Hof.

»Das ist gemein, Matt!« sagte ich heftig. »Wenn Sie uns nicht alle Arbeit allein tun ließen und auch einmal Holz hereinholen oder den Hof kehren würden, hätte Mary es leichter, wie eine junge Dame auszusehen.«

»Sieh mal an! Unser Mäuschen wird ja ganz wild!« sagte er spöttisch. Dabei legte er mir die Hand auf den Hals. Er versuchte immer, mich irgendwie zu berühren.

»Nehmen Sie Ihre Hand weg, Matt Johnson!« befahl ich.

»Was willst du denn machen, wenn ich es nicht tue, mein Täubchen, he?« Wieder lachte er dröhnend. Mit der anderen Hand umfaßte er meine Taille und zog mich an sich. Ich holte aus und gab ihm eine schallende Ohrfeige.

»Du kleine Hexe!« Er packte mein Kleid an den Schultern und hob mich daran empor. Meine Füße hingen über dem Boden. Dann schüttelte er mich so heftig, daß meine Zähne klapperten. Mary schrie auf, stürzte zu ihm und packte seinen Arm.

»Laß sie los, Matt, bitte laß sie los! Sie hat es doch nicht so gemeint!« flehte sie weinend.

Widerstrebend stellte er mich auf die Füße. »Wage das bloß nicht nochmal!« schrie er mich an. »Wenn du das noch einmal tust, bring ich dich um, du kleines Luder, du!« Er wandte sich ab und ging zur Tür hinaus.

»Sie hätten Matt nicht schlagen sollen«, sagte Mary noch immer weinend. »Es war ja nicht so schlimm, daß er mich ausgelacht hat.«

Es kränkte mich, daß sie den widerlichen Kerl auch noch verteidigte. Ich dachte, Mary und ich seien nun Freundinnen, und jetzt schien sie doch eher zu ihm als zu mir zu halten.

»Er ist ein primitiver, bösartiger Kerl«, sagte ich heftig. Doch als ich ihr ängstliches Gesicht sah, fügte ich hinzu: »Keine Sorge, ich werde in Zukunft vorsichtiger sein.«

Sie zupfte an den Falten des Rockes herum.

»Jetzt waschen wir Ihr Haar«, sagte ich, um sie aufzuheitern. »Und wenn es trocken ist, leihe ich Ihnen ein Band von mir. Es ist natürlich schwarz, aber es ist aus sehr schönem Samt.«

Doch es gelang mir nicht, ihre Fröhlichkeit wieder herzustellen. Der unliebsame Auftritt mit Matt ließ sich nicht so schnell vergessen.

Als Mary später am Feuer saß und ihr Haar trocknete, fragte ich mich, weshalb sie ihn wohl verteidigt hatte. Welche Bande verknüpften sie mit ihm? Mir fiel ein, daß ich sie bei meiner Ankunft hatte zusammen lachen hören, und mir kam der Gedanke — so abwegig er auch zunächst schien —, daß sie vielleicht eine Schwäche für ihn hatte. Für mich war er ein primitiver, bösartiger Kerl, der nach Pferden und Schweiß roch, aber vielleicht sah sie ihn mit anderen Augen.

»Mary, mögen Sie Matt? Ich meine, will er Sie vielleicht heiraten?«

»Er? Mich heiraten?« Sie lächelte. Es war ein trauriges, bitteres Lächeln. »Wer würde mich schon heiraten.«

»Es gibt doch genügend junge Männer, denen Sie gefallen würden. Wenn Sie Matt nicht mögen, sind doch sicher ein paar nette Jungen in Loxham.«

»Da würde mich auch niemand wollen.« Ihr Gesicht war gerötet, vermutlich von der Nähe des Feuers.

»Aber Sie haben bestimmt schon mal einen Verehrer gehabt, ehe Sie hierhergekommen sind.«

»Nein.«

»Das kann ich mir nicht vorstellen. So viele Mädchen gibt es sicher nicht hier in dieser einsamen Gegend, und die Bauernburschen fahren doch nicht in die Stadt, wenn sie auf Brautschau gehen.«

Mary stand so jäh auf, daß ihr Stuhl umfiel. Ein böses Lächeln verzog ihr rundes Gesicht. »Niemand will mich. Nicht in Loxham und nicht in Brighton. In der ganzen Gegend will mich keiner.«

»Aber so ein Unsinn«, sagte ich heftig. »Sie würden doch jemandem eine gute Frau sein, so fleißig und hübsch wie Sie sind, Mary.«

Sie sah mich mit starrem Blick an, und zwei rote Flecke brannten auf ihren Wangen. »Niemand will ein Mädchen, das der Alte gehabt hat. Ein Mädchen, das so verkommen ist wie ich. Was der Alte mal in seinen Fingern gehabt hat, das bleibt verdorben und verfault, so wie er selbst. Nein, in der ganzen Gegend will mich kein anständiger Mann mehr haben. Mich hat er genauso fertiggemacht, der Alte, wie jeden andern in diesem Haus.«

Der Wasserhahn in der Ecke tropfte in regelmäßigen Abständen, und dieses Geräusch war das einzige, was im Raum zu vernehmen war.

»Ich hab' nie einen Verehrer gehabt«, fuhr Mary fort. »Er hat mich vergewaltigt, als ich vierzehn war. Nach dem, was er mit mir gemacht hat, will mich kein anständiger Mann mehr. Und ich könnte auch gar keinem in die Augen sehen.«

Sie blickte mich an, den Kopf vorgestreckt und das Gesicht voller Furcht und Haß. Ich war entsetzt von ihrem Geständnis und wollte sie bitten zu schweigen, aber ich brachte es nicht fertig, und so sprach sie weiter und berichtete mir die ganze furchtbare, unglaubliche Wahrheit.

Die Wassertropfen, die in den Ausguß fielen, wurden zu einem unheimlichen Geräusch, während sie den akustischen Hintergrund zu Marys furchtbarem Geständnis bildeten. Mein Leben in der Quäker-Gemeinde hatte mich nicht auf das vorbereitet, was sie sagte. Ich wollte es nicht hören, aber Marys Stimme fuhr erbarmungslos fort, berichtete mir Dinge, die ich zum Teil nicht verstand — entsetzliche, grauenvolle Dinge, von denen ich nicht glauben konnte, daß sie Wahrheit waren, obwohl ich wußte, daß Mary mich nicht belog. Während sie sprach, liefen ihr dicke Tränen die Wangen herab, und nach einer Weile stellte ich fest, daß auch ich weinte. Mein Entsetzen über das, was sie sagte, machte überwältigendem Mitleid für sie Platz.

»Aber hätten Sie denn nicht weggehen können?« fragte ich sie.

»Wohin denn? Als Mrs. Tancred mich eingestellt hat, war ich zwölf. Ich bin im Waisenhaus aufgewachsen, und als ich herkam, war der Alte viel auf Reisen. Ich habe zuerst gedacht, ich wäre im Paradies. Damals war noch genug Geld im Haus, und deshalb war ein ganzes Heer von Mägden und Dienern hier und eine Köchin. Sie war so gut zu mir. Sie war der erste Mensch, der gut zu mir war und sagte ›bitte, Mary‹ und ›danke Mary‹. Sie war der gütigste Mensch, dem ich je begegnet war.«

Mary war so durcheinander, daß ich erst dachte, sie spräche von der Köchin, aber dann wurde mir klar, daß sie Mrs. Tancred meinte.

»Nach einer Weile kam er von einer Reise zurück«, berichtete Mary weiter, »und alles wurde anders. Auch als er wieder weggefahren war, wurde es nicht mehr wie früher. Es war immer noch viel besser, als wenn er da war, aber es war doch anders. Mrs. Tancred versuchte, gut zu mir zu sein, aber was sollte sie schon machen.«

»Mrs. Tancred wußte es?« fragte ich ungläubig. »Und sie hat es nicht verhindert?«

Mary sah mich mit einem seltsamen Blick an, so als wolle sie versuchen, mir etwas klarzumachen, das ich als Außenstehender nicht verstehen konnte. »Was sollte sie denn tun?« fragte sie dann. »Mrs. Tancred hat doch so schreckliche Angst vor ihm.«

Ein kalter Schauer lief mir über den Rücken, obwohl es warm in der Küche war. Mary hatte es wahrscheinlich gar nicht gemerkt, daß sie von Richard Tancred gesprochen hatte, als sei er noch am Leben, als hätte Mrs. Tancred Angst vor einem Mann, der jederzeit zurückkommen könne.

»Er blieb ein ganzes Jahr fort«, fuhr Mary mit leiser Stimme fort. »Dann lief Mr. John weg, und das hat Mrs. Tancred fast das Herz gebrochen.«

»Warum ist Mr. John weggelaufen?«

Damit hatte ich eine Frage nach den verborgenen Geheimnissen von Tancred gestellt. Mary wandte sich jäh den Kartoffeln zu, die im Ausguß lagen und gewaschen werden mußten.

»Es hatte Streit gegeben«, sagte sie kurz, als fürchte sie, bereits zu viel verraten zu haben.

Ich räumte den Tisch auf, um die Vorbereitungen zum Abendessen zu treffen. Es war merkwürdig, wie in diesem Haus die harmlosesten Fragen auf unheilschwangeres Schweigen stießen. Esmee fiel mir ein, wie sie mir den Weg in den Ostflügel des Hauses verwehrt hatte, weil sie sich einbildete, ihre Mutter halte sich dort auf.

»Mary, wie lange ist es her, seit John Tancreds Frau gestorben ist?«

Sie wandte mir den Rücken zu, aber ich hatte das Gefühl, als beobachte sie mich trotzdem. »Ein paar Jahre«, erwiderte sie in gleichgültigem Ton. »Sie war schon immer kränklich. Niemand von uns hat sich gewundert, als sie starb. Holen Sie mir jetzt das Haarband?«

Sie wollte offensichtlich das Thema wechseln, und ich hatte sie gern genug, um nicht gegen ihren Willen weiter in sie zu dringen. Aber mich bewegten viele Fragen in zunehmendem Maße und beunruhigten mich. Auch Esmee redete viel Seltsames. Was sie sagte, hatte oft einen unheimlichen Unterton. Immer wenn ich versuchte, eine vernünftige Erklärung dafür aus ihr herauszubekommen, wich sie mir aus.

Ich hatte fast schon die Hoffnung aufgegeben, mit Esmee warmzuwerden. Mindestens zweimal in der Woche lief sie mir davon, einfach in die Hügel hinein. Dabei rief sie mich erst aus der einen Richtung, dann aus einer anderen. Ich hörte ihre helle Stimme »Miß Wakeford, hier bin ich!« rufen, und wenn ich in die Richtung lief, aus der die Worte kamen, hörte ich sie auf der anderen Seite des Hügels lachen. Einmal hatte sie mich auch wieder an den Rand der Klippe gelockt, und obwohl ich nun wußte, welche Gefahr dort lauerte, hätte mich der heftige Wind fast hinabgestürzt.

Ich hatte Esmee aus Mrs. Tancreds Sachen Kleider und Hemden genäht, so daß sie jetzt wenigstens anständig angezogen war. Strümpfe hatte sie allerdings immer noch nicht bekommen, und deshalb hatte ich ihr welche von mir gegeben. Was den Unterricht anbelangte, war sie ein hoffnungsloser Fall. Ich war bestürzt, als ich feststellte, daß sie weder lesen noch schreiben konnte.

Als ich eine Woche im Haus war, fragte mich Mrs. Tancred eines Abends hoheitsvoll, wie denn Esmees Unterricht vorankäme. Daraus schloß ich, daß man von mir erwartete, Esmee wenigstens irgendwelche Grundkenntnisse beizubringen. Ich hatte allerdings soviel anderes im Haus zu tun, daß mir kaum für den Schulunterricht eines zurückgebliebenen Kindes Zeit blieb.

Ich versuchte, Esmee die ersten Buchstaben beizubringen, aber es dauerte nicht lange, bis ich einsehen mußte, daß meine Bemühungen erfolglos bleiben würden. Tag für Tag plagten wir uns mit Bleistift und Papier ab, ohne daß wir dabei vorankamen. Manchmal fuhr sie mit dem Stift über das Papier und zeichnete seltsame Figuren, die nicht nur unkenntlich, sondern auch abstoßend waren. Ein andermal saß sie den ganzen Vormittag da, ohne sich zu rühren, und sah mich an, als ob ich gar nicht vorhanden sei. An einigen Tagen stellte sie aber auch eine Frage nach der anderen. Durch Esmee kam es dann zu meinem zweiten Zusammenstoß mit Matthew Johnson.

Er machte kein Hehl daraus, daß er mir die Ohrfeige nicht verziehen hatte. Als wir uns einmal auf dem Hof begegneten, flüsterte er mir zu: »Dir zahl ich's schon noch heim!« Dabei kniff er mich so heftig in den Arm, daß ich einen blauen Flecken davontrug. In diesem Augenblick kam John Tancred aus dem Stall, und Matt zog es vor, sich rasch zu entfernen.

Mit größter Anstrengung war es mir gelungen, Esmee jeden Abend sauber und ordentlich an den Eßtisch zu bringen. Allerdings gelang mir das, glaube ich, nur, weil es ihr Spaß machte, ihre Großmutter zu ärgern. Eines Abends, als ich sie beim Waschen und Anziehen vor dem Essen beaufsichtigt hatte, entwischte sie mir und verschwand ins Freie. Diese Unfolgsamkeit kam nach einem langen, deprimierenden Tag, und ich war entschlossen, ihr diese Rebellion nicht durchgehen zu lassen. Ich nahm meinen Umhang und öffnete die Küchentür.

Draußen war es so dunkel, daß ich im ersten Moment versucht war, Esmee nicht zu folgen. Dann hörte ich sie lachen — von der anderen Seite des Hofes her, in der Nähe der Stallungen. Unsicher tappte ich durchs Dunkel und fühlte bald den hölzernen Riegel der Stalltür unter meinen Fingern. Esmee ließ jetzt kein Geräusch hören, doch ich war überzeugt davon, daß sie sich drinnen versteckt hielt.

Der Stall war nur von einer Laterne schwach erhellt. Ich ging an den Boxen entlang und hielt nach ihr Ausschau.

Die Tür schlug hinter mir zu. Grinsend stand der dicke Matt vor mir.

»Da ist ja unser kleines Mäuschen«, sagte er, wandte sich um und schob den Riegel vor. »Wir wollen doch mal sehen, mein Täubchen, ob du auch die Krallen zeigst, wenn wir zwei allein sind.« Er kam langsam auf mich zu. »Jetzt kann dir keine Mary helfen, jetzt bist du ganz allein, du ehrpusselige, kleine Giftschlange, jetzt sitzt du nicht mehr auf dem hohen Roß, he?«

Ich nahm allen Mut zusammen, doch der Anblick seines feisten, nackten Körpers war mehr, als ich ertragen konnte. Ein

Schubkarren stand in der Gasse zwischen den Boxen, und ich flüchtete mich hinter ihn.

Matt begann zu lachen. Dann sprang er von der Seite her auf mich zu. Er bekam meinen Rock zu fassen, ehe ich entwischen konnte. »Lauf nur davon soviel du willst«, sagte er, »ich kriege dich doch. Hier kannst du nicht mehr raus. Erst wenn ich mit dir fertig bin.«

Er schwitzte so stark, daß Schweißtropfen von seinem Körper auf mein Kleid gefallen waren. Im schwachen Licht glänzte sein Gesicht vor Nässe. Ich ergriff einen kleinen Sack mit Hafer, und als er auf mich zukam, warf ich ihn ihm ins Gesicht. Dann stürzte ich zur Tür und versuchte den Riegel zurückzuziehen. Das gelang mir auch, doch ehe ich die Tür aufreißen konnte, hörte ich sein wütendes Brüllen hinter mir und mußte mich auf die Seite werfen, damit er mich nicht packen konnte.

Der Hafersack war geplatzt. Sein Haar und die Brust waren dick mit Hafer bestäubt. Als ich seine vor Wut funkelnden Augen sah, schrie ich entsetzt auf. Ich stolperte, trat auf meinen Rocksaum und fiel ins Stroh. Dicht neben mir spürte ich seine Hand, und mit einer letzten verzweifelten Bewegung wich ich hinter den Karren aus. Doch er bekam meine Haube zu fassen und riß sie mir vom Kopf, wobei mir die Bänder unter dem Kinn tief in die Haut schnitten.

Ich hatte nicht mehr genug Atem zum Schreien. Verzweifelt versuchte ich zu fliehen, versuchte mit letzter Kraft zur Tür zu stürzen, vielmehr zu kriechen, denn jetzt hatte er meinen Fuß gepackt. Er schlug mich so heftig ins Gesicht, daß ich mir in die Zunge biß und Blut schmeckte. Dann spürte ich seinen schweren Körper auf mir. Der grauenvolle Geruch, der von ihm ausging, ein Geruch nach ungewaschener Haut, Schweiß und Stall, brachte mich zum Würgen. Ich fuhr ihm mit den Fingernägeln ins Gesicht und trat wild um mich.

Dabei schluchzte ich verzweifelt und voller ohnmächtigem Zorn, denn ich mußte erkennen, daß ich gegen Matt Johnsons Kraft nicht ankam. Da spürte ich plötzlich von der Tür her einen kalten Luftzug, und eine empörte Stimme dröhnte durch den Stall.

»Johnson!«

Matthew hörte es nicht. Oder er war zu sehr in Wut geraten, um sich von irgend jemandem zurückhalten zu lassen. Schnelle

Schritte dröhnten auf dem Steinfußboden, dann wurde Matthew Johnson an den Haaren und am Hemd hochgehoben und in hohem Bogen an die Wand des Stalles geschmettert.

John Tancred stand vor mir. Sein Gesicht war wutverzerrt, und das Blut leuchtete rot hinter der dünnen Haut der Narbe an seiner Wange. Matthew lag stöhnend am Boden. Aus einer Verletzung an seiner Schläfe sickerte Blut.

»Steh auf!« befahl ihm John Tancred.

Dann bückte er sich, packte den Diener am Hemd und zog den feisten, schweren Mann auf die Füße. Matthew Johnson hatte gewiß ein beachtliches Gewicht, aber John Tancred ging mit ihm um, als sei er ein Kaninchen. Er schlug Matt zweimal ins Gesicht, und wenn ich schon vor Matthews Wut Angst gehabt hatte, so war sie gar nichts im Vergleich mit dem Zorn seines Herrn.

»Hast du vergessen?« schrie er Matt an. »Hast du vergessen, daß der Alte tot ist? Jetzt bin ich hier der Herr, und jetzt ist Schluß mit eurer Verkommenheit. Damit ist es vorbei, endgültig vorbei!«

Er schüttelte den Diener, wie ein Hund eine Ratte schüttelt, um ihr das Genick zu brechen. Dann gab er Matt einen so heftigen Stoß, daß dieser durch die Tür stolperte und auf dem scharfen Kies des Hofes niederstürzte.

Ich richtete mich mühsam auf, bückte mich neben den Schubkarren und erbrach mich. Matt lag wimmernd draußen im Hof, und John Tancred schrie ihn von der Tür her an.

Die Innenseite meines Mundes blutete, und als meine Beine wieder einigermaßen imstande waren, mich zu tragen, ging ich zu einem der für die Pferde bestimmten Wassereimer, um mir den Mund zu spülen. Meine Hand zitterte so stark, daß ich mehr Wasser verschüttete, als ich an die Lippen brachte. Dann wandte ich mich und sah John Tancred an der Wand lehnen. Er blickte mich an. Sein Gesicht war leichenblaß, und die Narbe fiel dadurch noch mehr auf als sonst.

»Warum sind Sie denn in den Stall gekommen?« fragte er in eisigem Ton.

»Weil ich Esmee gehört habe. Immer wenn sie davonläuft, lockt sie mich durch die Hügel, aber ich habe mir eingebildet, daß sie diesmal hier ist.«

»Esmee war gerade noch in der Küche.« Seine Stimme klang so kalt, als glaube er, daß ich absichtlich hier herausgekommen sei. Obwohl ich ihm dankbar dafür war, daß er meinen Kampf mit Matt beendet hatte, brachten seine Worte mich aus der Fassung. Ich war jetzt sowieso schon mit meinen Nerven am Ende, und daß er mich nun auch noch indirekt der Lüge beschuldigte, gab mir den Rest.

»Ihre Tochter ist immer da, wo sie nicht sein sollte«, erwiderte ich scharf. »Ich verbringe meine ganze Zeit damit, sie aus irgendwelchen unheimlichen Verstecken herauszuholen, das heißt, wenn ich nicht gerade saubermache, aufräume, wasche, koche, bügle, nähe oder mich um Ihre Mutter kümmere.«

Der Zorn wich aus seinem Blick. Er fuhr sich mit der Hand übers Gesicht. Seine Miene war bekümmert.

»Ja«, sagte er zögernd, »ja, Sie haben recht. Es tut mir leid — das alles.« Er machte eine Handbewegung, die den Stall umfaßte. Dann schwand die Unsicherheit aus seiner Stimme. »Matthew wird sie nicht wieder belästigen«, erklärte er mit Entschiedenheit. Die Härte, mit der er das sagte, war mir unheimlich. John Tancred war ein Mann, den man nicht zum Feind haben sollte.

Der Zugwind ließ das Licht der Laterne flackern. Nun, da sich seine Erregung etwas gelegt hatte, fiel die Narbe nicht mehr so stark auf.

Es war jetzt still im Raum, nur das Scharren der Pferde und das Klirren ihrer Ketten war zu hören. Dann bemerkte ich, daß John Tancred mich mit einem ganz seltsamen Blick ansah. Ich erschrak, denn seit ich in Tancred war, hatte ich seltsame, unerklärliche Blicke zu fürchten gelernt.

»Was ist denn?« fragte ich.

Er trat auf mich zu, hob langsam die Hand und ließ sie dann wieder sinken. »Ihr Haar«, sagte er langsam. »Ich habe noch nie solches Haar gesehen.«

Sein Blick wanderte auf meine Schultern. Mein aufgestecktes Haar hatte sich aus den Nadeln gelöst und hing mir nun auf Brust und Rücken herab. Es schien, daß er noch etwas hinzufügen wollte. Erneut hob er die Hand zu dieser seltsamen Gebärde.

Dann wandte er sich jäh um. Er trat zur Tür und hielt sie mir auf. »Gehen Sie ins Haus!« befahl er, und ich folgte seinem Befehl.

5

Ende Februar wurde ich zu Mrs. Tancred gerufen. Sie wollte mich für die zwei Monate bezahlen, die ich nun im Haus war.

Der Rollstuhl befand sich neben einem kleinen Chippendale-Tisch, auf dem eine eiserne Kassette stand. Dieser entnahm Mrs. Tancred einen Sovereign. Dann schloß sie die Kassette sorgsam zu und gab mir die Münze.

»Das ist Ihr Lohn für Januar und Februar, Miß Wakeford«, sagte sie hoheitsvoll. »Ich werde alle zwei Monate mit Ihnen abrechnen. Das ist einfacher.« Sie schob die Kassette zurück und rollte ihren Stuhl etwas zur Seite. »Ich . . . wir sind sehr zufrieden mit Ihnen. Sie haben sich wirklich gut bewährt, obwohl Sie noch sehr jung sind.«

Mrs. Tancred lächelte freundlich, aber unpersönlich. Dann bedeutete sie mir durch ein Nicken, daß ich mich zurückziehen könne. Doch ich mußte noch etwas mit ihr besprechen und rührte mich nicht.

»Wünschen Sie noch etwas, Miß Wakeford?«

»Bitte, Madam, ich hätte gern einmal am Samstag frei.«

Sie bedachte mich mit einem durchbohrenden Blick. »So? Warum denn?«

»Ich möchte gern Freunde in Brighton besuchen. Und dann muß ich auch ein paar Besorgungen machen.« Ich schluckte nervös, denn wenn Mrs. Tancred hoheitsvoll und unnahbar sein wollte, gelang ihr das ausgezeichnet. »Ich glaube doch, Madam, daß mir alle zwei Monate ein freier Tag zusteht.«

»Ist es denn wirklich nötig?«

Offensichtlich war es ihr gar nicht lieb, daß ich das Haus verließ, wenn auch nur für so kurze Zeit. Ich fragte mich, was wohl der Grund dafür sei.

»Ja, ich möchte gern nach Brighton, Madam.«

»Also schön. Aber zum Abendessen müssen Sie wieder hier sein.«

»Selbstverständlich, Madam.«

Ich hatte die Hand schon auf der Türklinke, als sie in ganz anderem Ton sagte: »Miß Wakeford . . .«

»Ja, Madam?«

Ich wandte mich ihr wieder zu. Der hoheitsvolle Gesichtsausdruck war geschwunden, und sie sah mich mit unverhohlener Besorgnis an.

»Miß Wakeford, fühlen Sie sich wohl bei uns? Sie wollen sich doch nicht etwa eine andere Stellung suchen?«

»Aber nein, Madam. Ich möchte nur ein paar Besorgungen machen und Freunde besuchen.«

»Und Sie fühlen sich wirklich wohl hier?«

»Ja, Madam«, erwiderte ich, aber sehr überzeugend schien diese Antwort nicht geklungen zu haben, denn Mrs. Tancred fuhr fort: »Wenn Sie etwas bedrückt, sagen Sie es mir doch. Sind Sie mit etwas unzufrieden?«

»Nein«, erwiderte ich, aber wahrscheinlich las sie mir am Gesicht ab, daß ich nicht die Wahrheit sagte. Sie fuhr mit ihrem Stuhl so dicht an mich heran, daß sie mir in die Augen sehen konnte.

»Was bedrückt Sie, Miß Wakeford? Sagen Sie es mir bitte.«

»Ach, so wichtig ist es nicht, Madam. Nur . . .« Ich verstummte, weil ich nicht wußte, wie ich meine Gedanken formulieren sollte.

»Ja?«

»Es ist das Haus, Mrs. Tancred . . . Es . . . es kann mich nicht leiden.«

Sobald ich die Worte ausgesprochen hatte, wurde mir klar, wie töricht sie klangen. Ich dachte, Mrs. Tancred würde mich auslachen oder mir einen Verweis erteilen, aber seltsamerweise schien sie meine Antwort zu erleichtern, als ob sie etwas anderes erwartet hätte.

»Es ist ein altes Haus, Miriam, und sehr groß. Sie werden sich schon noch daran gewöhnen. Vielleicht kommt es Ihnen unfreundlich vor, weil Sie sich hier etwas vereinsamt fühlen.«

»Nein, daran liegt es nicht, Madam.« Sie achtete nicht auf meinen Einwand, sondern fuhr fort:

»Wir sehen wenig Gäste bei uns. Und Besucher kommen auch nur sehr selten. Aber vielleicht können wir später, wenn ich wieder gesund bin, etwas mehr Einladungen geben.«

Ihre Worte erregten mein Mitleid und waren mir peinlich.

»Vielleicht wird mein Sohn bald wieder heiraten«, setzte sie hinzu, und ihre Miene hellte sich auf. »Dann wird wieder Leben und Treiben hier herrschen, und man wird jüngere Gesichter und mehr Gesinde im Haus sehen.«

Ich war so überrascht, daß ich den Sovereign fallen ließ. Er rollte über den Teppich und verschwand unter einer Kommode aus Mahagoni.

»Ihr Sohn will sich wieder verheiraten?« fragte ich.

Sie hatte träumerisch vor sich hingeblickt, verloren an ein Wunschbild, das vor ihrem inneren Auge stand.

»Er muß heiraten«, erwiderte sie schroff. »Das Geschlecht darf nicht aussterben. Er muß heiraten.«

Die Wünsche des Mannes, der im Ostflügel lebte, mit seinem entstellten Gesicht und dem unsympathischen Matt als einziger Gesellschaft, schienen ihr unwichtig zu sein. Ich konnte mir kaum vorstellen, daß John Tancred sich allen Geselligkeiten und ähnlichem unterziehen würde, was mit Brautschau und Heirat verbunden war.

Mit einiger Mühe holte ich das Geldstück unter der Kommode hervor. »Vielleicht möchte Ihr Sohn nicht wieder heiraten, Madam«, sagte ich.

Sie warf mir einen so zornigen Blick zu, daß ich unwillkürlich einen Schritt zurückwich. »Er hat keine andere Wahl!« erklärte sie energisch. Und dann fügte sie hinzu: »Haben Sie die Steine auf dem Hügel gesehen?«

»Die Drudensteine? Ja, Madam.«

»Man nennt sie die Tancredsteine. Es geht die Sage, daß die Römer, als sie das Land besetzten, oben bei den Steinen die alten Priester niedermetzelten. Der römische Heerführer, der das Morden angeführt hatte, nahm die Tochter des Stammesfürsten zur Frau. Später hat sie ihn dazu gebracht, sein Haus hier zu bauen, neben dem Hügel, auf dem die Priester ihres Volkes erschlagen worden waren.«

Sie hielt inne, und in der Stille, die auf ihre Worte folgte, bemerkte ich, daß die Lampe auf der Kommode leise blubbernde Laute von sich gab.

»Was danach geschah, wissen wir nicht genau. Alle möglichen Überlieferungen gibt es, und vieles ist durch die Einfalt der Erzähler entstellt. Es ist jedoch sicher, daß unser Geschlecht an dieser Stelle schon lange ansässig war, als Mandel Tancred dieses Haus hier baute.«

Sie blickte zum dunklen Fenster hinaus, dann wandte sie mir den Blick wieder zu. »Hier sind die Wurzeln unseres Geschlechtes seit Urzeiten, hier, in diesem Haus, Miß Wakeford. Mein

Sohn hat gar keine andere Wahl. Er muß sich wieder verheiraten.«

Wir sahen uns schweigend an. Dann riß das Flackern der Lampe Mrs. Tancred aus ihren Gedanken.

»Gießen Sie bitte Petroleum nach«, sagte sie.

Ich zündete eine Kerze an, stellte sie auf die Kommode und ergriff die Lampe. Dann wandte ich mich um, und dabei fiel mein Blick auf den Webstuhl. Der Teppich hatte sich verändert. Ich konnte mich genau daran erinnern, daß er mit einem leuchtenden Giftgrün aufgehört hatte, als ich ihn das letzte Mal erblickte. Jetzt war ein helles Türkis zu sehen, nicht als gerade Linie, sondern zerrissen, zackig, wie ein Blitz, der das Auge blendet.

»Sie können den ersten Samstag im nächsten Monat freinehmen«, sagte Mrs. Tancred.

»Vielen Dank, Madam.«

Am ersten Samstag im März stand ich sehr früh auf. Um sieben Uhr war ich schon unterwegs nach Loxham. Einmal war ich inzwischen mit Mary dort gewesen, um Lebensmittel für einen Monat einzukaufen. Bei dieser Gelegenheit hatte ich erfahren, daß der Händler Reuben Tyler jeden Samstag frühmorgens nach Loxham kam. Sicher nahm mich der freundliche Mann in seinem Wagen mit nach Brighton.

In Tancred hatte ich alle meine täglichen Pflichten erfüllt; Feuer gemacht, Frühstück vorbereitet und die Zutaten für das Mittagessen bereitgestellt. Während ich den unebenen Weg entlangeilte, fühlte ich mich plötzlich frei und froh und voller Vorfreude auf den Tag, der vor mir lag und den ich in der aufregenden Stadt Brighton verbringen durfte.

Es war ein strahlend schöner Morgen. Der Wind, der stets hier herrschte, hatte etwas nachgelassen, und ich konnte aufrecht gehen und mußte nicht gegen die Kälte in mich zusammenkauern. Nachdem ich den Hügel hinabgegangen war, konnte ich das Haus nicht länger sehen, und mir war, als sei mir ein Stein vom Herzen gefallen. Ich begann zu laufen, um nur ja Reubens Wagen nicht zu versäumen. Zwei Hasen, die Männchen machten und sich den Schnurrbart putzten, fuhren zusammen, als sie mich auftauchen sahen, und flüchteten erschreckt in ihren Bau.

Als ich Loxham erreichte, war ich außer Atem und erhitzt. Nirgends war etwas vom Fahrzeug des Händlers zu sehen. Ich ging zum Wirtshaus und ließ mich vor dem Haus auf einer langen hölzernen Bank nieder. Niemand sprach mich an, und ich fand das ein wenig unfreundlich. Wenn bei uns daheim irgendwo im Freien ein Fremder sitzt, dann begrüßt man ihn, unterhält sich mit ihm und fordert ihn sogar auf, ins Haus zu kommen und sich an den warmen Ofen zu setzen.

Ein kleines Mädchen von drei oder vier Jahren kam zu mir und begann mir ungeniert Fragen zu stellen. Wie war denn mein Name? Warum hatte ich so eine komische weiße Haube auf? Hatte ich eine Puppe, und so weiter. Sie war ein munteres kleines Ding, hübsch und adrett, und es tat mir leid, daß ich nichts hatte, was ich ihr schenken konnte. Ich holte mein Taschentuch heraus und machte mit einem Knoten ein primitives Püppchen daraus. Sie lachte, und ich gab ihr das Tuch.

Sofort kam eine Frau aus einem gegenüberliegenden Laden gestürzt. Sie riß das Kind an sich und warf mir das Taschentuch vor die Füße.

»Scher dich weg!« fuhr sie mich an. »So eine wie dich können wir hier nicht brauchen!«

Ich war so verdutzt, daß ich im ersten Augenblick keine Worte fand. Es war mir unbegreiflich, womit ich ihren Zorn erregt hatte.

»Ich hab' doch nichts getan«, sagte ich verwirrt. »Ich wollte doch nur . . .«

Sie fiel mir ins Wort: »Ich hab' gesehen, was Sie gemacht haben. Leute aus Tancred wollen wir hier nicht haben. Ihr könnt euer Essen bei uns kaufen, aber mehr nicht. Wir sind anständige Menschen hier und gottesfürchtig.«

Sie drückte das Kind an sich, als fürchte sie, ich wollte ihm etwas antun, und eilte mit ihm zum Laden zurück.

Mir war das Blut ins Gesicht geschossen. Die Vorübergehenden starrten mich an, und einige freuten sich über meine Verlegenheit. Erst jetzt bemerkte ich, daß die Blicke, die mir gegolten hatten, während ich hier auf der Bank wartete, alles andere als freundlich gewesen waren. Vor allem die Mienen der Frauen zeigten lebhafte Feindseligkeit, verbunden mit einem Gefühl, das ich nicht definieren konnte. Ich blieb still auf meinem Platz sitzen und hoffte, daß Reuben Tyler bald kommen würde. Und dann wurde ich mir plötzlich über den anderen Ausdruck in den Mienen der Leute klar. Es war Angst. Eine haßerfüllte Angst.

Als ich mit Mary ins Dorf gekommen war, hatten wir unseren kleinen Leiterwagen direkt zum Kramladen gezogen, dort unsere Vorräte eingekauft und waren sofort nach Tancred zurückgekehrt. Dabei waren wir nur mit dem Krämer in Kontakt gekommen, und falls man uns mit seltsamen Blicken bedacht hatte, war es mir nicht aufgefallen.

Ich wartete sehnsüchtig auf Reuben Tylers Fuhrwerk. Eine Gruppe Knaben war inzwischen gekommen und stand mir gegenüber auf der anderen Straßenseite. Sie sahen mich an und tuschelten miteinander. Ich versuchte, ihnen zuzulächeln, aber mir saß ein Kloß im Hals. Als geschlossene Gruppe kamen sie langsam näher. Ich kümmerte mich nicht um sie, sondern betrachtete meine Handschuhe und hoffte, daß sie das Interesse an mir verlieren und weggehen würden.

Einer von ihnen nahm einen Stein vom Boden auf und spielte damit wie mit einem Ball, indem er ihn hochwarf und wieder auffing. Dabei sah er mich an, als wolle er mich zu irgend etwas herausfordern. Es gab ein Stoßen und Drängen unter den Knaben, und der Junge mit dem Stein wurde vorgeschoben und von denen hinter ihm gedrängt, etwas zu unternehmen.

Meine Hände waren schweißnaß. Ich warf einen Blick über die Schulter. Die Tür des Gasthauses war geschlossen. Der Laden auf der anderen Straßenseite befand sich hinter den Knaben. Zu der Frau, die dort herausgekommen war, um das Kind von mir wegzureißen, waren zwei weitere Frauen getreten. Sie machten nicht den Eindruck, als würden sie mir erlauben, mich in den Laden zu flüchten. Der Knabe mit dem Stein kam noch einen Schritt näher.

In dem Augenblick, als er ausholte, um den Stein zu werfen, sah ich zu meiner unendlichen Erleichterung den Wagen des Händlers am Ende der Straße auftauchen. Der Stein traf nur die leere Bank, denn ich war schon auf Reuben Tyler zugestürzt.

Als er mich sah, hielt er und kletterte vom Bock. Beim Anblick seines freundlichen Gesichtes brach ich in Tränen aus.

»Aber nicht doch!« beruhigte er mich. »Was ist denn los?«

Voller Erleichterung berichtete ich ihm mit überstürzenden Worten von meiner Angst vor den Bewohnern von Loxham und meinem Wunsch, mit ihm nach Brighton zu fahren. Außerdem versicherte ich ihm, daß ich bis zu seiner Abfahrt aus Loxham nicht mehr von seiner Seite weichen werde. Er blickte wütend die

Straße entlang, und als die Knaben seine Miene sahen, schlichen sie kleinlaut auseinander. Die Frauen waren im Laden verschwunden und hatten die Tür hinter sich geschlossen. Reuben klopfte mir verlegen auf die Schulter.

»Machen Sie sich keine Sorgen, mein Kleines. Ich muß den Wagen abladen, aber Sie können auf dem Kutschbock sitzen bleiben. Wenn die Lümmels noch einmal kommen, rufen Sie mich, und ich verdresche sie.«

Er half mir auf den Bock, und wir fuhren zum Gasthaus. Mit dem Wirt zusammen trug er die Lieferung, die er brachte, in den Keller. Die Knaben und die Frauen beobachteten mich zwar immer noch, aber die Anwesenheit von Reuben Tyler schützte mich vor ihnen. Dann wurde der Wagen mit leeren Fässern beladen. Der Händler setzte sich neben mich und klatschte dem Pferd mit den Zügeln auf die Kruppe. Als wir davonfuhren, warf er noch einen Blick zurück.

»Widerliches Volk«, sagte er zornig. »Ihre Wut an einem wehrlosen Mädchen auszulassen!« Er gab mir einen freundschaftlichen Klaps auf die Hand und fragte: »Ist jetzt alles wieder in Ordnung?«

Ich schämte mich ein wenig meines vorangegangenen Ausbruchs.

»Sie sind sehr abergläubisch«, sagte er. »Die meisten von ihnen wohnen einsam in den Hügeln und kommen nur selten unter Menschen. Sie sind nicht eigentlich böse. Aber sie haben Angst vor allem Fremden.« Er warf einen Blick auf meine Kleidung und fuhr fort: »Sie ziehen sich anders an, als sie es gewöhnt sind. Das und der Umstand, daß Sie von Tancred kommen, macht sie mißtrauisch.«

Ich putzte mir geräuschvoll die Nase mit dem zerdrückten Taschentuch, das die Frau mir vor die Füße geworfen hatte. Eine Weile fuhren wir schweigend dahin. Dann sagte er: »Sie sind schon ein seltsames kleines Ding. Zwei Monate haben Sie in dem Haus auf den Klippen durchgehalten, und nun brechen Sie vor Angst in Tränen aus, weil Sie sich vor den Leuten von Loxham fürchten.«

»Sie waren so feindselig. Ich glaube, wenn Sie nicht gekommen wären, würden sie auf mich losgegangen sein.«

»Schon möglich.« Er sah neugierig mein schwarzes Kleid und die weiße Haube an. »Sie sind wahrscheinlich Quäker, wie? Und wenn ich mich nicht irre, seid ihr gegen jede Gewalt. Ihr wollt, daß man nie gegen jemanden die Hand erhebt, nicht wahr?«

»Ja«, bestätigte ich.

Es gibt viele Leute, die uns verachten, weil wir uns nicht einmal verteidigen dürfen. Da man aufgeklärt war, warf man uns wegen unseres Glaubens zwar nicht mehr ins Gefängnis, aber ausgelacht wurden wir noch genug. Vor allem unsere Männer, weil sie sich weigern, sich zu wehren, selbst wenn sie angegriffen werden.

»Ja, wenn man so erzogen wird«, sagte der Händler freundlich, »dann ist es klar, daß ein Mädchen Angst vor einer Horde Gassenjungen hat. In Brighton werden Sie sicher einige von Ihren Leuten finden. Ich habe schon oft welche gesehen. Aber ich verstehe nicht, weshalb Sie Angst vor den Leuten in Loxham haben und nicht vor Tancred? Ich kann Ihnen sagen, ich habe mir große Sorgen um Sie gemacht. Es hat nicht viel gefehlt, und ich wäre einfach gekommen und hätte sie geholt.«

Es war lange her, daß ich mich mit einem ganz normalen Menschen unterhalten hatte, mit jemandem, der kein Geheimnis vor mir verbarg oder halb verrückt vor Angst war, und so erzählte ich Reuben Tyler einiges von dem, was ich in Tancred erlebt hatte. Nicht alles, denn manches — zum Beispiel wie heruntergekommen und ärmlich der Haushalt war — durfte ich einem Außenstehenden nicht mitteilen. Das wäre ein Vertrauensbruch gewesen. Doch ich berichtete ihm von der merkwürdigen Art, in der von Richard Tancred gesprochen wurde, und auch von Esmees Mutter, und ich fragte ihn, wie John Tancred zu seinen Narben gekommen war. Er dachte ein Weile nach.

»Viel weiß ich auch nicht darüber, nur was man sich so erzählt.«

Das Pferd schritt munter aus. Es ging abwärts. Aus der unwirtschaftlichen, rauhen Landschaft der windgepeitschten Küste kamen wir jetzt in bestelltes Ackerland mit Bäumen und Büschen zwischen den Feldern.

»Natürlich war Tancred nicht immer so ein trübseliges Haus«, fuhr Reuben Tyler fort. »Mein Vater hat mir erzählt, daß dort früher viele Bälle und Feste gegeben wurden. Und als mein Vater noch ein junger Bursche war, ist sogar der alte König einmal aus seinem Palast in Brighton nach Tancred gekommen.«

Gegen meinen Willen war ich von dem Gedanken beeindruckt, daß der sündige alte König George an einem Fest in Tancred teilgenommen hatte.

»Es ging auch dort noch ganz erträglich zu, als Mrs. Tancred kurz nach der Hochzeit ihren Einzug hielt. Ihr Mann war damals viel auf Reisen. Die Familie hatte schon lange vom Handel gelebt, und ständig war der Hausherr in Frankreich oder sonstwo. Sie hatten auch mal eine Niederlassung in Frankreich und eine in Holland. Manchmal war der Hausherr sogar zwei Jahre lang weg oder drei, aber wenn er heimkam, dann rissen die Feste nicht ab.«

Von der Stimme seines Herrn eingeschläfert, war das Pferd in einen gemächlichen Trott gefallen. Reuben Tyler ließ die Zügel aufmunternd auf seine Kruppe klatschen.

»Er war ein übler Schürzenjäger. Zuerst ging es noch, aber dann wurde es so schlimm, daß keines der Mädchen aus Loxham mehr bei den Tancreds arbeiten wollte. Da nahmen sie Kinder aus dem Waisenhaus bei sich auf.

Eines Tages war Mr. John dann verschwunden. Niemand hat ihn weggehen sehen. Er war einfach verschwunden, und sechs Jahre später kam er wieder, brachte eine französische Frau mit, eine kleine Tochter und die Narben im Gesicht. Ich fuhr damals eine andere Strecke, und als ich vor vier Jahren zum ersten Mal wieder nach Loxham kam, waren der alte Tancred und Mrs. Johns Frau schon tot.«

»Haben Sie Mr. John mal gesehen?« fragte ich. »Nachdem er mit seiner Frau zurückgekommen war?«

Reuben nickte und trieb das Pferd durch ein Peitschenknallen an. »Ja, einmal habe ich ihn gesehen, den armen Kerl mit seinem entstellten Gesicht. So ein Jammer. Früher war er so ein sehr hübscher Bursche.«

»Ja?« fragte ich eifrig, zu eifrig, denn der freundliche Reuben warf mir einen erstaunten Blick zu. Jetzt hatten wir bereits die ersten Häuser von Brighton erreicht. Ich glaube, er hatte schon genug von meinen Fragen, aber etwas wollte ich gern noch wissen.

»Mr. Tyler, woran sind sie denn gestorben? Ich meine Richard Tancred und die Frau von Mr. John?«

Er zuckte die Achseln. »Das weiß ich nicht. Ich habe den Pastor in Loxham mal gefragt, aber der wußte es auch nicht. Sie haben damals einen Priester aus Canterbury kommen lassen, um den alten Mann und die junge Frau beisetzen zu lassen. So, da sind wir schon.« Er hielt vor dem großen hölzernen Haus eines Lebensmittelhändlers. »Wenn Sie mit mir zurück wollen, müssen Sie um drei hier sein.« Er sah mich mit einem nachdenklichen Blick an und setzte hinzu: »Ich würde Sie gern dazu überreden, daß Sie nicht wieder zurückgehen. Ich weiß nicht alles, was man sich so über Tancred erzählt, aber ich weiß, daß ein Mädchen wie Sie da nicht hingehört.«

Er hob mich vom Bock. »Also dann um drei«, wiederholte er, und ich winkte ihm zu.

Brighton schien mir riesig zu sein. Riesig und elegant, aufregend und sündhaft. Ich hatte noch nie so schöne Läden gesehen, noch nie so viel Leute, die anscheinend genug Geld hatten, all die ungewöhnlichen Dinge zu kaufen, die überall angeboten wurden.

Ich brauchte Haarnadeln und Strümpfe. Esmee trug die meinen und zerriß sie immer wieder, wenn sie durch die Hügel streifte. In einer so großen Stadt hätte es wirklich nicht schwer sein können, so etwas zu kaufen, aber ich war verwirrt und wußte nicht recht, welchen der verschiedenen Läden ich betreten sollte. Ich ging durch die Straßen, sah mir die Schaufenster an und bemühte mich, den eilig vorbeihastenden Leuten nicht im Weg zu sein.

Ich fand schließlich ein passendes Geschäft und ging hinein, um meine Strümpfe und Haarnadeln zu besorgen. Ich kaufte auch noch ein Stück blaues Band für Mary, das zu ihrem neuen Kleid paßte, und ein Püppchen mit roter Schürze für Esmee.

In einer Seitenstraße war ein Laden, aus dem der Duft von heißen Pasteten und gebratenem Fleisch herausdrang. Er stieg mir verführerisch in die Nase, und mein Magen antwortete darauf mit einem energischen Knurren.

In Tancred gab es nie genug zu essen. Natürlich ist es primitiv, immer ans Essen zu denken, aber wenn ich manchmal mit knurrendem Magen abends im Bett lag, träumte ich von gebratenem Hühnchen und frischem Brot. Matthew nahm immer für sich und seinen Herrn soviel von dem, was Mary oder ich gekocht hatte, wie ihm richtig schien, und oft blieb für uns vier Frauen dann nicht mehr viel übrig.

Ich stand vor dem Pastetenladen und atmete verstohlen den appetitlichen Duft ein. Dann ging ich hinein und kaufte sechs kleine Pasteten. Ich ließ mir drei einpacken, um sie Mary mitzubringen. Die anderen drei nahm ich in einer Tüte mit.

Großmutter hatte mich gelehrt, daß es vulgär ist, auf der Straße zu essen, aber wahrscheinlich war sie noch nie so hungrig gewesen, wie ich es an diesem kalten Morgen war. Ich fand eine Bank und setzte mich. Dann holte ich eine Pastete aus der Tüte. Ich betrachtete sie voller Vorfreude, ehe ich hineinbiß. Sie war fett und knusprig und zerging auf der Zunge. Das Fleisch darin war warm, würzig und saftig. Als ich alle drei aufgegessen hatte, stand ich auf, klopfte mir die Krümel vom Rock und zog das Stück Papier aus der Tasche, auf dem Großvater sorgsam einen Namen und eine Anschrift notiert hatte. Dann fragte ich einen Passanten nach dem Haus von Ezekiel King.

Eine junge Frau, die offensichtlich seine Tochter war, öffnete mir die Tür und begrüßte mich sehr herzlich. Zu meiner Überraschung trug sie ein grünes Kleid. Es war ein dunkles Grün, aber dennoch . . . In meiner Verwirrung dachte ich zuerst, daß ich mich in der Tür geirrt hätte.

»Miß King?« fragte ich, und sie nickte, nahm meine Hand und zog mich ins Haus. Mr. King kam aus einem Zimmer im Hintergrund der Halle auf uns zu.

»Du bist sicher Miriam Wakeford«, sagte er und streckte mir die Hand entgegen. »Wir haben dich schon erwartet, seit wir den Brief von deinem Großvater bekommen haben.«

King war dünn und knochig, mit grauem gekräuseltem Haar und einer Hakennase, die scharf aus seinem Gesicht hervorsprang. Ich hatte ihn seit zehn Jahren nicht mehr gesehen und konnte mich nur noch schwach an die Zeit erinnern, als er in unserem Dorf gepredigt und bei uns gewohnt hatte.

»Wie geht es dem Großvater?« fragte er dann. »Ist er gesund? Und die Großmutter auch und alle Vettern?«

»Danke ja, es geht ihnen gut.«

Die junge Frau nahm meinen Umhang und die Schachtel mit den Pasteten und legte beides auf die Kommode in der Diele. Ich merkte, daß ich zu lange ihr grünes Kleid angestarrt hatte, und sah schnell wieder Mr. King an. Er hielt mir die Tür zu einem Zimmer im Hintergrund des Hauses auf und ließ mich eintreten.

»Deborah und ich haben uns deinetwegen Sorgen gemacht«, sagte er. »Wir haben dich schon viel früher erwartet.«

Aus irgendwelchen Gründen, über die ich mir selbst nicht klar war, mochte ich Ezekiel King nicht recht. Dabei behandelte er mich wirklich mit größter Freundlichkeit. Nun zog er mir einen Stuhl ans Feuer und bat mich Platz zu nehmen.

»Jetzt lebst du schon seit zwei Monaten in Tancred«, fuhr er fort, »und trotzdem bist du noch nicht einmal zum Gottesdienst gekommen.«

Plötzlich wußte ich, weshalb ich ihn nicht mochte. Ich sah im Geist, wie ich damals in Großmutters Küche auf dem Boden kniete und dieser Mann mit den scharfen Zügen vor mir stand und mit mir betete. Dabei bat er Gott, die Sünde, die schwer auf mir lastete, von mir zu nehmen und mir, der unwürdigen Dienerin des Herrn, gnädig zu sein.

»Ich habe nur alle zwei Monate einen Tag frei, Mr. King«, verteidigte ich mich. »Das Haus ist groß, und es gibt für das wenige Personal sehr viel Arbeit.«

»Für Gott muß man immer Zeit haben«, erwiderte er salbungsvoll und faltete die Hände auf den Knien.

Deborah warf mir einen besorgten Blick zu.

»Aber Vater, du darfst sie nicht schelten«, sagte sie sanft. »Ich habe dir doch gesagt, daß es ein weiter und beschwerlicher Weg ist und daß sie kommen würde, sobald es ging. Sie kann uns doch heute nachmittag zur Andacht begleiten.« Deborah wandte sich an mich und fragte, ob ich Lust dazu hätte.

»Leider ist es nicht möglich . . .« Ich wollte erklären, daß ich um drei den Wagen des Händlers erreichen mußte, aber Mr. King gab mir keine Gelegenheit dazu.

»Mein liebes Kind«, fiel er mir ins Wort, »möchtest du denn nicht mit deinen Glaubensgenossen beten?«

Das war ungerecht. Wenn ich auch ein Kind der Sünde war, hatte ich doch immer regelmäßig meine Gebete verrichtet und war gern zum Gottesdienst gegangen, trotz meiner Großmutter und Mr. King. Ich erklärte in knappen Worten, daß ich um drei Uhr vor dem Lebensmittelladen sein mußte.

»Du kannst ruhig hierbleiben«, sagte Ezekiel King. »Ich habe Pferd und Wagen und fahre dich dann rechtzeitig nach Tancred zurück.«

Jetzt schämte ich mich. Es war ein weiter Weg, und am späten Nachmittag hin und zurückzufahren, würde Mr. King recht beschwerlich sein.

Ich dankte ihm sehr viel bescheidener, als meine vorangegangenen Worte geklungen hatten, und schämte mich noch mehr, als er mich aufforderte, nach dem Gottesdienst mit ihnen zu essen.

Als ich am Nachmittag mit Mr. King und Deborah das Gebetshaus betrat, war ich nicht sonderlich glücklich. Wenn man als Quäker in allen Gemeinden unserer Glaubensgemeinschaft auch stets willkommen war, so hatte das gleichzeitig den Nachteil, daß jeder über jeden Bescheid wußte. Deshalb war es jedem im Haus klar, als ich mich setzte, daß ich Edward Wakefords uneheliche Enkelin war, deren Mutter man von daheim verstoßen hatte.

Ich hielt den Kopf hoch, und nach einer Weile erfüllte mich der Friede, den man empfindet, wenn man da ist, wo man hingehört. Nun war ich glücklich darüber, daß ich meine Glaubensgenossen aufgesucht hatte.

Im Gebetshaus war ich noch überraschter als beim ersten Anblick von Deborah. Viele der Frauen und Mädchen trugen farbige Kleider. Eine hatte sogar ein hellblaues an. Nach dem Treffen sprach ich Deborah darauf an.

»Dein Kleid«, sagte ich vorsichtig, »habt ihr hier ... Ich meine, manche sind doch farbig.«

»Es überrascht dich, daß wir nicht alle schwarz tragen, nicht wahr, Miriam?«

»Ehrlich gesagt, ja. Bei uns im Dorf darf man höchstens einmal dunkelblau tragen, zu einer Hochzeit oder so, aber grün und braun, das ist bei uns verboten.« Ich hoffte, daß sie meine Worte nicht als Kritik an ihren Sitten auslegen würde. Sie lachte und erwiderte freundlich:

»Die Bräuche ändern sich, Miriam. Nur in den Dörfern bleibt alles beim alten. In London und in den Städten trägt kaum noch jemand schwarz.«

»Es muß hübsch sein, ein farbiges Kleid zu haben. Aber mir würde es die Großmutter bestimmt nicht erlauben, so etwas anzuziehen.«

Deborah zögerte. Ihre Miene verdüsterte sich, und dann sagte sie halblaut: »Miriam, du mußt dich nicht schämen wegen ... wegen etwas, das früher mal passiert ist und wofür du doch gar nichts kannst.« Das Blut stieg ihr ins Gesicht und rötete ihr Hals und Wagen, und auch mein Gesicht brannte.

»Uns ist es wirklich gleichgültig, was früher passiert ist«, fuhr sie fort. »Nur bei euch auf dem Dorf, da ist das anders. Da vergessen die Leute nicht so leicht. So, und jetzt laß uns heimgehen zum Essen.«

Wir legten den Weg schweigend zurück. Deborah hatte recht mit dem, was sie über die Dorfbewohner gesagt hatte. Und sie waren es nicht einmal, die mich abgelehnt hatten. Es war Großmutter gewesen, die eine unsichtbare Wand zwischen mir und den anderen aufgerichtet hatte.

Es tat wohl, einmal wieder bei einer Quäker-Familie zu essen, wo die Mahlzeiten schmackhaft und reichlich waren, in einem hellen, warmen Haus, um das nicht der Wind pfiff und das unheimliche Geheimnisse in sich verborgen hielt. Es tat wohl, das Tischgebet zu sprechen, ohne von dem undurchdringlichen Blick eines rätselhaften Kindes beobachtet zu werden.

Dann sagte ich Deborah auf Wiedersehen und stieg zu Mr. King auf den Wagen. Ich war durchgewärmt und ausgeruht, und weil ich mich so wohl fühlte, fand ich es albern, daß ich mich vor dem alten Haus auf den Klippen fürchten konnte. Mit munterem Schritt trottete das Pferd los.

»Wann kommst du denn wieder, Miriam?« fragte mich Mr. King später freundlich.

»In zwei Monaten, an meinem nächsten freien Tag.«

»Wir werden dich erwarten«, sagte er mit Entschiedenheit. Ich war ein wenig irritiert dadurch, daß er so einfach über mich verfügte. »Wir freuen uns immer, wenn du kommst.« Er lächelte und entblößte dabei seine leicht hervorstehenden Zähne. Das verlieh ihm das Aussehen eines freundlichen Wolfs, und ich hatte Mühe, mir das Lachen zu verbeißen.

»Das ist sehr gütig von Ihnen, Mr. King.« Wieder lächelte er, und das bereitete mir Unbehagen. Er war ein sehr ernster, strenger Mann, und leutselige Anwandlungen wie diese paßten nicht recht zu ihm.

Das Pferd begann uns den Hügel auf der Straße nach Loxham emporzuziehen, und die ersten Vorboten des scharfen Küstenwindes waren zu spüren. Graue Wolken ließen den späten Nachmittag dunkler erscheinen als er war. Ich hoffte, daß wir Loxham noch vor Einbruch der Dunkelheit erreichen würden.

Als wir ins Dorf kamen, machte Ezekiel King keine Anstalten anzuhalten, sondern fuhr weiter in Richtung Tancred.

»Von hier aus kann ich doch zu Fuß gehen«, sagte ich zu ihm, aber er schüttelte nur den Kopf und ließ das Pferd schneller ausschreiten.

Wir kamen dem Haus immer näher. Ich wußte, daß es nach der nächsten Wegbiegung plötzlich vor uns auftauchen würde, düster und drohend. Dieser Gedanke bedrückte mich. Als wir es dann vor uns liegen sahen, wurde mir plötzlich klar, was so unheimlich an dem Haus und der ganzen Gegend war: Sie schien lebendig zu sein. Der Hügel mit den Drudensteinen lag neben dem alten Haus wie ein schlafender Riese, wie ein düsteres Ungeheuer, das die Menschen belauerte, die in Tancred lebten.

Auch Mr. King entging die unheimliche Atmosphäre nicht, die hier herrschte. Er blickte sich unbehaglich um, betrachtete das windgepeitschte dürre Gras und das düstere Haus. Eine Falte erschien zwischen seinen Augenbrauen.

»Hier arbeitest du, Miriam?«

Ich nickte, und er sah verstohlen noch einmal zu den Drudensteinen auf der Hügelkuppe empor.

»Hat dein Großvater das Haus gesehen, ehe er dir erlaubt hat hierherzukommen?«

Ich wollte mit Ezekiel King nicht über das Haus oder seine Bewohner sprechen. »Drinnen ist es nicht so schlimm«, versicherte ich ihm hastig und sprang vom Wagen, ehe er mir noch weitere Fragen stellen konnte.

Er kletterte ebenfalls vom Bock, wobei er einen unbehaglichen Blick auf das Haus warf. Zu meiner Überraschung küßte er mich dann auf die Wange.

»Wir werden für dich beten«, sagte er streng, mit einem Blick auf die steinernen Mauern. Dann stieg er wieder auf den Wagen und fuhr rasch davon. Nur einmal warf er noch einen unbehaglichen Blick über die Schulter zurück.

Ich sah Pferd und Wagen den Hügel hinabrollen. Neben den mächtigen Hügeln nahm sich beides wie ein Kinderspielzeug aus. Es dauerte eine Weile, bis ich merkte, daß ich nicht allein war. Als ich mich umwandte, sah ich John Tancred vor dem Haus stehen. Er hielt einen großen Apfelschimmel am Zügel. Anscheinend war er leise um die Hausecke gekommen. Ich hatte ihn nicht gehört.

John Tancred lächelte mir zu. Es war ein hartes, unfrohes Lächeln, das seinen Mund noch mehr verzerrte als die Narbe. Er trug einen weichen Hut mit breiter Krempe, die er leicht über die durch die Narbe entstellte Gesichtshälfte hätte herunterhängen lassen können, aber er hatte den Hut — wahrscheinlich absichtlich — schief auf die andere Seite gesetzt, so daß er die unverletzte Seite verbarg.

Jetzt nahm er den Hut ab und verbeugte sich. »Guten Abend, Miß Wakeford«, sagte er. »Hoffentlich haben Sie einen schönen Tag in Brighton verlebt.«

Anscheinend wollte er mich mit diesen Worten verspotten, denn er mußte gesehen haben, daß Mr. King mich zum Abschied auf die Wange geküßt hatte. Ich spürte, wie mein Gesicht in der einbrechenden Dunkelheit erglühte.

»Ja, danke«, erwiderte ich kurz. Rasch ging ich ins Haus und schloß die Tür hinter mir.

6

Mrs. Tancred, Esmee und ich hatten gerade mit dem Abendessen begonnen, als John Tancred eintrat. Er kam zum Tisch und ließ sich wortlos vor dem vierten Gedeck nieder.

In der anderen Ecke des Zimmers hörte ich Mary einen halbunterdrückten Laut der Überraschung ausstoßen. Gleichzeitig ließ sie einen Löffel in eine Schüssel fallen. Mrs. Tancred hatte mich gerade gefragt, ob ich einen schönen Tag in Brighton verlebt hätte. Nach dem Eintritt ihres Sohnes verstummte sie. Ich konnte nicht unterscheiden, ob ihre Miene nur Überraschung oder auch Besorgnis verriet. Sie riß kaum merklich die Augen auf und schluckte nervös.

John Tancred entfaltete seine Serviette und legte sie auf den Schoß. Er grüßte seine Mutter und mich durch ein Kopfnicken und warf einen Blick zu Esmee hinüber, einen Blick, der absolut nichts von dem verriet, was er dachte. Dann begann er zu essen.

Ausnahmsweise war ich nicht hungrig. Ich hatte erst kurz zuvor mit den Kings gegessen. Doch selbst wenn ich keine Unterbrechung der schmalen Kost von Tancred gehabt hätte, würde mir die Anwesenheit des Hausherrn mit der undurchdringlichen Miene den Appetit verschlagen haben.

Wir aßen schweigend. Bald legte Mrs. Tancred mit undurchdringlicher Miene Messer und Gabel nieder. Sie hatte kaum etwas zu sich genommen. John Tancred schien sich für nichts als den Inhalt seines Tellers zu interessieren. Er richtete weder einen Blick auf uns, noch sagte er etwas. Da er sich auf meiner linken Seite befand, sah ich seine vernarbte Gesichtshälfte jetzt aus nächster Nähe. Die Lampe auf dem Tisch erhellte sie mit grausamer Deutlichkeit. Mir fiel ein, daß Reuben Tyler gesagt hatte, John Tancred sei früher ein sehr hübscher Bursche gewesen.

Man sah die Reste dieser Schönheit auch heute noch. Unterhalb der Narbe war die Haut seines Halses glatt und von brünetter Farbe. Die Haare, die sich über seiner Stirn lockten, waren dicht, seidig und blauschwarz. Sogar heute bin ich mir noch nicht über die Farbe seiner Augen im klaren. Sie sind weder braun, noch grau, noch grün und haben doch alle diese Farben auf einmal.

Plötzlich merkte ich zu meiner Beschämung, daß er aufgesehen hatte und mich beobachtete.

»Ja, Miß Wakeford?« fragte er in knappem Ton.

Wie beschämt und verlegen ich war, konnte man mir an der glühenden Röte ansehen, die mir ins Gesicht schoß. Niemand wird gern dabei ertappt, wenn er jemanden fixiert, und John Tancred ließ deutlich merken, daß ihm meine Neugierde nicht entgangen war. Ich senkte den Blick auf meinen Teller und wartete sehnsüchtig darauf, daß die Mahlzeit zu Ende war und jeder von uns wieder seiner eigenen Wege gehen konnte. Esmee, die ihren Vater mit einem strahlenden, geheimnisvollen Lächeln beobachtete, sagte plötzlich in die Stille hinein: »Bonsoir, Papa.«

Er reagierte nicht nervös wie Mrs. Tancred es immer tat, wenn Esmee französisch sprach, sondern sah seine Tochter nur an und erwiderte: »Guten Abend, Esmee.«

Mir fiel ein, daß ich ihn noch nie zuvor mit seiner Mutter oder seiner Tochter zusammen gesehen hatte.

Jetzt begann das Kind zu singen. Es war die Melodie, die ich im stillen nur, das Lied ihrer Mutter nannte. John Tancred war mit dem Essen fertig und legte das Besteck auf den Teller.

Esmee begann lauter zu singen. Sie schien insgeheim auf eine Reaktion ihres Vaters zu warten, zumindest darauf, daß sich unheilschwangere Stille auszubreiten begann, wie es in diesem Haus nur allzuoft der Fall war.

John Tancred schien Esmees Singen nicht zu beachten, doch dann warf ich zufällig einen Blick auf seine Hände, die auf seinem Schoß lagen und zum Teil durch das Tischtuch verdeckt waren. Er hatte sie so fest zu Fäusten geballt, daß die Knöchel weiß unter der Haut hervortraten.

Das Zimmer schien von elektrischer Spannung erfüllt zu sein. Sogar meine Nerven waren bis zum Zerreißen angespannt, obwohl ich nicht wußte, was das Lied zu bedeuten hatte. Mrs. Tancreds Angst war deutlich zu spüren. Sie beobachtete ihren Sohn voller Furcht, aber sie machte keinen Versuch, das Singen des Kindes zu beenden. Wieder warf ich einen Blick auf Johns Hände, und jetzt bemerkte ich, daß sie zitterten. Ich war der Überzeugung, daß er im nächsten Moment einen Wutanfall bekommen würde, wenn nicht etwas geschah.

»Esmee, ich habe dir aus Brighton ein Geschenk mitgebracht«, sagte ich in beiläufigem Ton.

Die eintönige Melodie verstummte, und Esmee sah mich interessiert an. Dieses Interesse galt aber nicht dem Geschenk. Ich kannte Esmee Tancred inzwischen gut genug, um zu wissen, daß ihr die üblichen kindlichen Freuden nichts bedeuteten. Ihr Interesse galt der Frage, weshalb ich es wohl unternommen hatte, eine Entladung der im Raum herrschenden Spannung zu verhindern. Jetzt überlegte sie anscheinend, auf welche Weise sie mich ärgern konnte.

»Ein Geschenk, Miß Wakeford? Warum denn?«

Jedes andere Kind hätte gefragt, was das Geschenk war, aber Esmee stellte natürlich eine Frage, die eine ganze Reihe unbehaglicher Empfindungen erweckte. Diesmal schien Mrs. Tancred allerdings auf meiner Seite zu sein. Wahrscheinlich war sie mir dankbar dafür, daß ich die Spannung abgeleitet und die Explosion vermieden hatte. Sie folgte meinem Beispiel und sagte in höchst damenhaftem Konversationston:

»Wie nett von Ihnen, Miß Wakeford. Esmee, bedanke dich schön bei Miß Wakeford.«

Ich bemerkte, daß sich John Tancreds Arme entspannten, und fand, daß es das Opfer wert war, Esmees Aufmerksamkeit auf mich abzulenken, wenn er dadurch Ruhe hatte.

»Du kannst aufstehen, Esmee«, sagte Mrs. Tancred knapp.

Zuerst glaubte ich, das Kind würde einfach dableiben, um neue Schwierigkeiten zu machen, doch sie schien des Spiels plötzlich müde zu sein. Sie sah uns nur noch uninteressiert an, dann wanderte ihr Blick zum Fenster, hinter dem die dunkle

Nacht lag. Sie lächelte über irgendeinen Gedanken — vermutlich einen, der wie eine Fledermaus in die Dunkelheit paßte —, dann huschte sie durchs Zimmer und schlüpfte an Marys ausgestreckter Hand vorbei hinaus. Mein Blick wanderte unwillkürlich zum Fenster, aber draußen war nichts zu sehen.

»Sollen wir die Vorhänge zuziehen, Mrs. Tancred?« fragte ich.

Mit trübem Blick sah sie auf, nickte desinteressiert und bedeutete Mary, zum Fenster zu gehen. Weiter wurde nichts mehr gesprochen.

Schweigend warteten wir, bis Mary uns Mokkatassen mit dünnem Kaffee vorgesetzt hatte. Sobald wir fertig waren, erhob ich mich erleichtert, um Mrs. Tancred in ihr Zimmer hinüberzuschieben. John wartete, bis wir fast an der Tür waren, ehe er sagte:

»Miß Wakeford, ich möchte Sie noch sprechen. Unter vier Augen. In meinem Arbeitszimmer.«

Aus unerklärlichen Gründen begann ich zu zittern. Ich war froh, daß ich Mrs. Tancreds Gesicht nicht sehen konnte.

»Du kannst doch jetzt gleich mit Miß Wakeford sprechen«, sagte sie. »Es wird ja wohl keine Geheimnisse zwischen euch geben.« Sie wandte sich zu ihm um.

»Du brauchst dir keine Sorgen zu machen«, erwiderte er. »Es geht um etwas, das den Haushalt betrifft. Bitte, Mary, bring meine Mutter in ihr Zimmer.«

Der Stuhl wurde mir aus den Händen genommen. Ich sah Mrs. Tancred nach, die von Mary hinausgeschoben wurde. Als diese den Rollstuhl durch die Tür lenkte, wandte sich Mrs. Tancred zu uns um. Ihre Augen waren so schwarz, daß sie tiefer in den Höhlen zu liegen schienen als sonst.

»Miß Wakeford«, sagte sie mit schriller Stimme, »nachdem mein Sohn mit Ihnen gesprochen hat, kommen Sie sofort zu mir. Hören Sie? Ich erwarte Sie dann sofort bei mir!«

Mary schob den Stuhl weiter, und ich konnte Mrs. Tancred nicht mehr sehen. Ehe auch Mary aus meinem Gesichtsfeld verschwand, warf sie mir noch einen besorgten Blick zu.

»Bitte, Miß Wakeford«, sagte John Tancred, »folgen Sie mir.«

Wir durchquerten den großen Saal mit der Ahnengalerie, in der die verstorbenen Tancreds vor sich hinbrüteten. Als ich am Porträt von Richard Tancred vorbeiging, wandte ich den Kopf, um ihn nicht ansehen zu müssen. Ich konnte kaum mit John

Tancred Schritt halten. Er kümmerte sich nicht um mich. Am Ende der Ahnengalerie angekommen, riß er die Tür auf und ging hindurch.

Ich dachte, daß wir nun wieder durch endlose Gänge gehen würden, doch zu meiner Überraschung blieb John Tancred gleich darauf vor einer schmalen Tür an der linken Seite stehen. Diesmal ließ er mir den Vortritt. Ich betrat einen Raum, der gemessen an den anderen Zimmern von Tancred erstaunlich gemütlich eingerichtet war.

Ein Tisch aus der Zeit König Jakobs stand an der Wand, und ein Ohrensessel war zum Kaminfeuer gerückt. Matthew befand sich im Raum. Er war damit beschäftigt, Besteck und Teller vom Tisch zu nehmen. Anscheinend nahm John Tancred dort sonst seine einsamen Mahlzeiten ein.

Matthew sah erst mich, dann John an. Ein verschlagenes Lächeln spielte um seinen Mund. »Ich habe mich schon gewundert, wo Sie sind«, sagte er unfreundlich zu seinem Herren.

»Heut habe ich mit meiner Mutter gegessen.« John Tancred ließ die Tür zufallen. Sie fiel mit lautem Knall ins Schloß, während er zum Ohrensessel ging und sich darin niederließ. Er wandte mir die unverletzte Seite seines Gesichtes zu.

Matthew drehte sich zu mir um und grinste boshaft. »Ach so.«

Erst jetzt schien John Tancred Matthews schmieriges Lächeln zu bemerken.

»Raus!« befahl seine Stimme aus der Tiefe des Stuhles her.

Matthew nahm das Tablett und folgte dem Befehl rasch. Ehe er die Tür hinter sich schloß, warf er mir einen so bösen, haßerfüllten Blick zu, daß ich wußte, er werde mir die Prügel nie verzeihen, die er meinetwegen bezogen hatte.

»Setzen Sie sich, Miß Wakeford.«

Ich ließ mich unbehaglich auf der Kante eines harten Stuhls mit hoher Lehne nieder.

»Ich habe Sie beobachtet, Miß Wakeford.«

»Ich weiß, Sir.«

Er machte eine ungeduldige Handbewegung. »Ach was, ich meine doch nicht die Sache hier vorm Haus. Ich meine in Brighton.«

Ein unangenehmer Verdacht begann in mir aufzutauchen. Er beugte sich vor und sah mir gerade in die Augen. »Haben die Pasteten gut geschmeckt, Miß Wakeford?«

Ich wurde so rot, daß sogar meine Ohrläppchen brannten. Es war nicht schwer, mir vorzustellen, wie ich ausgesehen haben mochte, als ich mit baumelnden Beinen auf der Bank saß, die Tüte mit den Pasteten auf dem Schoß und die Backen vollgestopft.

»Sie hatten also Hunger, Miß Wakeford?«

»Ja, Sir.«

»Miß Wakeford, sind Sie hier im Haus oft hungrig?«

Ich nahm allen Mut zusammen und erwiderte seinen Blick. Dabei merkte ich, daß er mich nicht verhöhnte. Er war eher gelangweilt, während er sich mit einem für ihn neuen Problem beschäftigte.

»Bitte, antworten Sie mir, Miriam Wakeford. Sind Sie in meinem Haus oft hungrig, und müssen Sie frieren?«

Ich wußte nicht, was ich sagen sollte. Wir saßen uns einen Moment schweigend gegenüber, dann fragte er unvermittelt: »Wieviel Lohn bekommen Sie eigentlich?«

»Sechs Guineen jährlich, Sir.«

Er runzelte nachdenklich die Stirn. »Und ist das die übliche Bezahlung für das, was Sie hier tun?«

»Ich habe zuvor als Schneiderin gearbeitet, Sir. Dafür bekommt man sechs Guineen.«

Er stand auf und legte die Hand auf das Kaminsims. »Das ist mir sehr peinlich, Miß Wakeford. Ich muß leider feststellen, daß wir hier in Tancred Ihre Güte schändlich ausgenutzt haben. Man sagt uns zwar vieles nach, aber die Sünde, daß man sich für schlechten Lohn bei uns totarbeiten muß, war bisher noch nicht dabei.«

Mary schien nicht für ihn zu zählen. Immerhin arbeitete sie bereits seit ihrem zwölften Jahr im Haus, nur für Essen und Unterkunft.

»Wir sind keine wohlhabende Familie mehr, Miß Wakeford. Das wird Ihnen nicht entgangen sein, in Anbetracht des Zustandes, in dem sich das Haus befindet.« Er wandte sich zu mir um. »Früher hatten wir einmal ein beachtliches Handelsgeschäft. Unsere eigenen Schiffe brachten unsere Waren zu unseren Niederlassungen in aller Welt. Es gab kaum ein Land der Erde, das nicht eine Zweigstelle des Tancredschen Handelshauses irgendwo an der Küste besaß. Aber jetzt«, er zuckte die Achseln, »ist nichts mehr davon übrig.«

Plötzlich stürmte er zur Tür und riß sie auf. »Ich will Ihnen etwas zeigen«, sagte er heftig. »Kommen Sie mit.«

Ich nahm die Lampe und eilte hinter ihm her. Er ging mir durch die dunklen Gänge voraus. Schließlich traten wir auf den Hof, und er wandte sich den Stallungen zu.

»Hier hinein«, sagte er, als wir den Stall erreicht hatten, und hielt mir die Tür auf. Ich war schon ein paarmal im Stall gewesen, einmal, als sich der unangenehme Zwischenfall mit Matt ereignete, und dann noch einige Male, wenn ich Esmee gesucht hatte. Dabei war mir aufgefallen, daß die Ställe sehr groß waren und besser ausgestattet schienen als das Haus. Auch hatte es mich etwas gewundert, daß ein offensichtlich armer Haushalt soviele Pferde besaß.

John Tancred öffnete eine der Boxen und winkte mir zu, ihm zu folgen, während er zu einem schönen großen Rappen trat. »Sind Sie Pferdekenner, Miß Wakeford?«

»Mein Großvater hält bei uns auf dem Hof Arbeitspferde«, erwiderte ich.

John Tancred tat unsere beiden schönen Kaltblüter mit einer Handbewegung ab. »Ich habe acht Jahre gebraucht, diese Rasse hier zu züchten, Miß Wakeford. Es waren acht Jahre sorgfältiger Überlegungen, voller Enttäuschungen und unendlicher Mühe. Gleich zu Anfang habe ich mein bestes Füllen verloren, aber es ist uns dann gelungen, die Scharte auszuwetzen. Matthew« — er warf mir einen raschen Blick zu — »Matthew hat einen Pferdeverstand, wie es ihn nur selten gibt. Sein Instinkt für Pferde ist einmalig. Mit vereinter Mühe haben wir eine prächtige Rasse gezüchtet.«

Er führte mich in die Nebenboxe. Der große Apfelschimmel stand darin, mit dem ich ihn am Abend gesehen hatte.

»St. Jean habe ich in Frankreich gekauft«, erklärte John Tancred. »Ist er nicht herrlich?«

»Ja, er ist . . . sehr groß, Sir.«

»Groß? Er ist ein prächtiges Tier. Aus ihm sind acht Gewinner des Derbys von Newmarket gezogen worden. Ich habe sogar schon einen Käufer für Noire. Die Tancredschen Pferde fangen langsam an, von sich reden zu machen. Eines Tages werden die Pferde von Tancred so berühmt sein wie es einst unsere Schiffe waren.«

Er ging mit mir von Stall zu Stall, öffnete eine Boxe nach der anderen und wies mich auf die Vorzüge und Schönheit, das Alter und den Zustand der Pferde hin und erklärte mir, welche Hoffnungen er für sie hegte. Dabei erwartete er offensichtlich von mir, daß ich die Tiere bewunderte und ihm Fragen stellte, doch er war so erfüllt von seinem Thema, daß er mir kaum Zeit dazu ließ. Eine ganz erstaunliche Veränderung war mit ihm vor sich gegangen. Der düstere, verschlossene Mann, der finster durchs Haus strich, war verschwunden. Ich vergaß völlig, daß er entstellt war, weil er es selbst vergessen hatte. Er war ein tatkräftiger, kluger und energischer Mann, dessen Begeisterung sogar mich ansteckte, obwohl ich nichts von Pferden verstand.

»Für Noire bekomme ich einen sehr guten Preis«, fuhr er fort. »Und hier« — er ließ ein fast ausgewachsenes Füllen aus der Box, das leise wieherte und vorsichtig an seiner Hand knabberte —, »das ist Suzie. Sie ist noch wertvoller. Ich habe schon einen Züchter, der sie kaufen möchte.«

Das junge Pferd scharrte ungeduldig mit dem Huf. Ich glaube, meine Anwesenheit störte es, denn es wich zurück, als ich nähertrat. John sprach mit ihm und führte es vorsichtig wieder in die Boxe zurück. Er strich ihm sanft über den Hals, während er mit ihm sprach. Dabei fiel es mir auf, daß er sehr sympathische und Vertrauen erweckende Hände hatte.

Ich wäre gern noch länger im Stall geblieben, aber in Tancred konnte man nie lange froh sein.

Vor dem Stall ertönte ein Geräusch, das ich inzwischen fürchten gelernt hatte. Es war Esmees Lachen, das erklang, während sie zum Hügel hinüberrannte. Die beinahe fröhliche, hoffnungsvolle Stimmung, die im Stall geherrscht hatte, war verschwunden. Johns Gesicht verfinsterte sich. Im ersten Augenblick schien er nicht mehr zu wissen, warum er eigentlich in die Stallungen gekommen war. Er sah mich verwirrt an, dann wandte er sich heftig um und verschloß die Boxe, vor der wir standen.

»Sie sehen also, Miß Wakeford«, sagte er hart, »wir sind nicht völlig verarmt.«

»Das habe ich auch nicht angenommen, Sir.«

Er wandte sich rasch zu mir um und sah mich mißtrauisch an. Als er sich vergewisserte, daß meine Worte kein Vorwurf sein sollten, fuhr er fort: »Ich bringe Noire am nächsten Donnerstag nach Newmarket. Wenn ich den Kaufpreis erhalten habe, müssen Sie mir sagen, was im Haus gebraucht wird. Vergessen Sie auch irgendwelche Annehmlichkeiten für meine Mutter und ähnliches nicht.«

»Das werde ich gern tun, Sir.«

Er fühlte sich offensichtlich nicht recht wohl in seiner Haut. Wahrscheinlich war es schon lange her, seit er das letztemal mit jemandem eine normale Unterhaltung geführt hatte.

»Später, wenn auch Suzie verkauft ist, müssen wir uns ums Haus kümmern«, fuhr er fort. »Vielleicht können wir dann auch noch etwas mehr Personal einstellen. Es ist mir klar, daß Sie viel zuviel Arbeit haben, Miß Wakeford.«

»Ich komme schon zurecht«, sagte ich steif. Ich fürchtete, daß er inzwischen gemerkt hatte, wie wenig Einfluß ich auf Esmee hatte. »Ihre Tochter ist manchmal ein bißchen schwierig, aber . . .« Ich verstummte, als ich sah, daß sich seine Miene verfinsterte.

»Kümmern Sie sich nicht um Esmee, Miß Wakeford. Sie können ihr doch nicht helfen.«

Ich fand es an der Zeit, einmal mit ihm über das Kind zu sprechen.

»Mr. Tancred«, sagte ich nervös, »ich habe versucht, Esmee das Schreiben beizubringen. Und ich habe auch versucht, sie den Hügeln fernzuhalten, aber . . .«

»Kümmern Sie sich nicht weiter um sie«, schnitt er mir das Wort ab. »Sie ist nicht wie andere Kinder. Das haben Sie ja inzwischen gemerkt, nicht wahr?«

Seine Miene war undurchdringlich. Ich hätte nicht weiter in ihn dringen dürfen, hätte nicht an seinen geheimen Kummer rühren sollen, aber ich war instinktlos genug, fortzufahren: »Vielleicht sollte man mit ihr einen Arzt aufsuchen?«

»Das habe ich schon getan, Miß Wakeford. Als sie drei Jahre alt war, sind wir mit ihr zu einem Spezialisten nach Wien gefahren. Es ist wirklich nichts zu machen, glauben Sie mir.« Er hielt inne und sah mich schweigend an. Dann brach er die Stille mit den brutalen Worten: »Meine Tochter ist schwachsinnig, Miß Wakeford.«

Darauf konnte ich nichts erwidern. Ich fand keine Worte, mit denen ich den Druck vertreiben konnte, der plötzlich auf meinem Herzen lag. Aus Esmees Wildheit, ihren merkwürdigen Blicken, ihrer Klugheit in mancher Hinsicht und ihrer völligen Verständnislosigkeit auf anderen Gebieten hätte ich eigentlich schon längst merken müssen, was mit ihr los war.

John Tancred lehnte sich gegen die Wand des Stalles und wandte das Gesicht ab. Ich war froh, daß ich nicht die Qual in seinen Augen sehen mußte.

»Es tut mir leid«, sagte ich mit halberstickter Stimme, dann wandte ich mich hastig um, stieß die Stalltür auf und rannte davon.

Ich war schon wieder in meinem Zimmer, völlig durcheinander von dem, was ich erlebt hatte, als mir einfiel, daß mich Mrs. Tancred erwartete. Ermattet rückte ich mir die Haube zurecht und begab mich rasch zu ihr. Ich hoffte dabei, von ihr nicht in eine ähnlich quälende Szene verwickelt zu werden, wie ich sie gerade hinter mir hatte.

»Herein! Herein!« rief sie schon, ehe ich noch richtig geklopft hatte.

Sie saß am Webstuhl, in den erhobenen Händen grellgelbe Wolle, die sie gerade zu einem rosafarbenen Lila hinzufügen wollte, das sich bereits im Gewebe befand. Sie ließ die Hände in den Schoß sinken und wandte sich zu mir um.

»Was hat er gewollt?« fragte sie scharf. »Was wollte mein Sohn mit Ihnen unter vier Augen besprechen? Was hat er für Geheimnisse mit Ihnen?«

»Er hat keine Geheimnisse mit mir, Madam.«

»Worüber haben Sie mit ihm gesprochen?«

»Es ging um Dinge des Haushaltes, Madam. Wofür ich Geld ausgeben soll und so.«

»Erklären Sie mir das genauer.« Sie sah mich mißtrauisch von der Seite an.

»Mr. Tancred hat gesagt, daß er ein Pferd verkaufen wird, und wenn das geschehen ist, soll ich ein paar Sachen für den Haushalt kaufen.«

Ihre Augen wurden sanfter, aber sie war noch nicht völlig beruhigt. »War das wirklich alles? Sonst hat er Ihnen nichts gesagt?« Daß ich nicht sofort antwortete, lag eher an meiner Nervosität als daran, daß ich ihr etwas verschweigen wollte. Sofort war ihr Mißtrauen wieder erwacht. »Nur heraus mit der Sprache«, verlangte sie erregt. »Was hat er Ihnen noch gesagt? Ich finde es ja doch heraus, also verraten Sie es mir lieber gleich.«

»Es ging um Esmee, Madam«, erwiderte ich nervös.

»Ja, und?« Die Besorgnis war in ihren Blick zurückgekehrt.

»Ihr Sohn hat gesagt, daß Esmee nicht ganz gesund ist.«

Ihre Miene wurde unbehaglich wie immer, wenn sie von Esmee sprach. »Ja, das stimmt, Miß Wakeford. Ich habe Sie ja darauf vorbereitet, als Sie ihren Dienst bei uns antraten, daß Sie es mit dem Kind nicht leicht haben würden. Was mein Sohn über Esmee sagt, müssen Sie nicht weiter ernst nehmen. Ich weiß besser, was mit dem Kind los ist.«

»Ja, Madam.«

Sie drehte sich wieder zu ihrem Webstuhl um, und ich wandte mich zum Gehen. »Bleiben Sie hier!« befahl sie mir. »Sie können mir vorlesen.«

»Aber Madam, es ist schon nach elf!«

»Los, fangen Sie an.«

Ich setzte mich und nahm eines der Bücher, die auf dem Tisch lagen. Es war eine Biographie von Talleyrand. Ich begann zu lesen, und Mrs. Tancred setzte ihre Arbeit am Webstuhl fort. Ich las stundenlang Seite um Seite eines sehr langweiligen Textes. Meine Stimme sank schließlich zu einem Murmeln herab, dann hörte ich ganz auf. Mrs. Tancred achtete nicht darauf und schob weiter das Weberschiffchen durch die gespannten Fäden.

Ich hätte im Sitzen einschlafen können, so erschöpft war ich, aber die alte Frau saß gerade und aufrecht vor ihrem Webstuhl, Arme und Hals verkrampft vor Nervosität. Unter meinen schweren Lidern hervor sah ich ihren weißen Händen zu, die einen makabren Tanz der Farben und Muster schufen und manchmal in der Luft zu verweilen schienen wie lauernde Raubvögel. Mrs. Tancreds Oberkörper schwang im Rhythmus des hin und herfahrenden Werbeschiffchens nach rechts und links, immer schneller und schneller, mit einer Geschwindigkeit, als sei sie vom Teufel besessen. Die eintönige Bewegung schläferte mich vollends ein, und ich fuhr erschreckt zusammen, als ich plötzlich vom Stuhl glitt, weil ich eingeschlafen war.

Das Geräusch des Webstuhls verstummte. Mrs. Tancred fiel die bunte Wolle aus den Händen. Ihr Körper sank über dem Webstuhl zusammen wie eine leere Hülle, aus der jegliches Leben entflohen ist. Ich dachte, sie wäre eingeschlafen, doch sie wandte mir den Kopf zu und sagte: »Jetzt können Sie Mary rufen.«

Mrs. Tancred war völlig in sich zusammengefallen. Nur noch ein grauer, ausgeblichener Schatten der energischen Frau, als die ich sie bisher gekannt hatte, war übriggeblieben. Die Augen hatten ihren Glanz verloren, und es schien, daß sogar ihr Haar stumpf geworden war.

Ich stand auf und flüchtete aus dem Zimmer. Sie murmelte etwas, das wie ›jetzt werde ich schlafen können‹ klang, aber ich war so totmüde, daß ich mich vielleicht verhört hatte.

Am nächsten Tag versuchte ich mit Mary über das Thema Esmee zu sprechen, aber sie wich mir aus und sagte nur, das Benehmen des Kindes habe sich sehr gebessert, seit ich da sei. Ich fragte sie auch, seit wann Mrs. Tancred im Rollstuhl säße, und darauf erhielt ich nur die vage Antwort ›seit einer ganzen Weile‹. Genau könne sie sich auch nicht daran erinnern.

Wir waren damit beschäftigt, die Bettwäsche des Haushaltes zu flicken, indem wir die Laken in der Mitte auseinanderschnitten und sie dann an den Seiten, wo der Stoff noch gut war, aneinandernähten.

»Wie ist es denn zu Mrs. Tancreds Unfall gekommen?« fragte ich. Bisher hatte ich absichtlich keine unangenehmen Fragen gestellt, aber jetzt machte ich mir Sorgen und wurde immer unruhiger. Deshalb wollte ich endlich wissen, mit welchen unheilvollen Geheimnissen ich es in diesem Haus zu tun hatte.

»Sie ist schlimm gestürzt«, erwiderte Mary ausweichend.

Von Natur aus bin ich nicht neugierig. Da ich es selbst nicht mag, wenn sich jemand nach meinen Eltern erkundigt, frage ich auch nicht nach den persönlichen Angelegenheiten von anderen.

Dieses Haus barg aber zuviele Geheimnisse, und es lagen zuviele seltsame, unerfreuliche Dinge in der Luft. An manchen Abenden konnte ich nicht einschlafen, weil ich mich fürchtete und sogar Angst hatte, zum Fenster hinauszusehen.

Ich schrieb einen sehr vorsichtigen Brief an Miß Llewellyn. Wenn ich zuviel über den Zustand des Hauses und die Seltsamkeit meiner Dienstherren verriet, würde mein Großvater sofort kommen, um mich heimzuholen. Doch ich war noch nicht bereit, klein beizugeben und ins Dorf zurückzukehren, so daß Großmutter triumphieren konnte. Deshalb schrieb ich Miß Llewellyn, daß Mrs. Tancred sehr freundlich zu mir war und sich tapfer mit allen Kümmernissen der Krankheit und Witwenschaft abzufinden wußte. Ich fragte Miß Llewellyn, was ihr über die Tragödie von Tancred bekannt war, und achtete darauf, daß meine Frage nicht besorgt, sondern nur neugierig klang.

Als Antwort bekam ich einen langen, redseligen Brief, in dem auch der neueste Dorfklatsch enthalten war und Einzelheiten über die Kleider, die sie gerade nähte. Auf der letzten Seite erschien dann der Name Tancred, und ich las am Abend, als ich mich in die Abgeschiedenheit meines Zimmers zurückziehen konnte:

Über die Tancreds kann ich dir leider nicht viel erzählen. Ich war bei Mrs. Tancred vor ihrer Ehe angestellt, und damals war sie eine vergnügte, lebenslustige junge Frau. Ich ging dann mit ihr nach Tancred. Es hat mich sehr überrascht, aus deinem Schreiben zu entnehmen, daß man jetzt kaum noch Einladungen und Feste dort gibt. Mrs. Tancred war immer sehr für Geselligkeiten und Empfänge. Ich kann mich erinnern, daß sie nach einer durchtanzten Nacht das Ballkleid auszog, ein Reitkleid überstreifte und gleich darauf mit Freunden auf die Jagd ritt.

Mr. Richard Tancred war eine sehr imponierende Erscheinung. Ich hatte allerdings immer ein bißchen Angst vor ihm. Auch glaube ich, daß er kein sehr guter Geschäftsmann war. Während ich mich in Tancred aufhielt, mußte er vier seiner Handelsniederlassungen verkaufen. Später ist es mit seinen Finanzen auch nicht aufwärts gegangen, glaube ich. Im Vertrauen gesagt, meine liebe Miriam, er war sehr verschwenderisch und ging leichtfertig mit dem ererbten Vermögen um. Es waren viele sehr unerfreuliche Gerüchte über ihn im Umlauf. Ich persönlich kann mich allerdings nicht über ihn beklagen. Mir gegenüber hat er sich immer sehr höflich verhalten, allerdings in seiner manchmal recht merkwürdigen Art.

Nachdem John geboren wurde, war ich nur noch kurze Zeit bei Mrs. Tancred. Wie du weißt, bin ich dann zu meiner lieben Tante zu euch ins Dorf gezogen. Mrs. Tancred hat mich nie vergessen. Immer zu Weihnachten schreibt sie mir und berichtet mir, was es Neues gibt. Mr. Johns Frau habe ich nicht mehr gekannt. Ich weiß über sie nur, daß sie Französin war und gestorben ist, als ihre kleine Tochter sechs Jahre alt war. So, und nun laß dir von dem Mädchen erzählen, dem dein Vetter Stephen jetzt gerade den Hof macht ...

Der Brief endete mit Grüßen und guten Ratschlägen. Ich legte ihn sorgsam beiseite und zog mich aus.

Es schien, als ob mich niemand über das aufklären wollte oder konnte, was in Tancred geschehen war. Das Haus barg die Erinnerung an schlimme Vorkommnisse in sich. Dieser Eindruck verstärkte sich in mir immer mehr, obwohl ich nicht ahnte, wie diese im einzelnen ausgesehen hatten.

Ich legte mich ins Bett und blickte zur Decke empor, wo das Flackern der Kerze seltsame Linien zeichnete.

Wenn ich das Geheimnis von Tancred entdecken wollte, hatte ich von niemandem Hilfe zu erwarten. Ich war dabei allein auf mich gestellt.

7

Der Sommer kam, aber dadurch wurde die Landschaft um Tancred auch nicht anheimelnder. Es gab keine Bäume, die ausschlugen, keine Blumen oder grünenden Büsche. Düster und massig waren die Drudensteine, nach wie vor das einzig Sehenswerte am Hügel von Tancred. Und immer mehr wuchs in mir die Überzeugung, daß neues Unheil über Tancred hereinbrechen würde. Auch der Wind legte sich nicht. Er war nur nicht mehr so eisig wie im Winter.

Ich war inzwischen zweimal in Brighton gewesen, einmal im Mai und einmal im Juli, und hatte den Tag mit Ezekiel King und seiner Tochter verbracht. Bei diesen Ausflügen hatte ich mich nicht mehr im Dorf mit Reuben Tyler getroffen. Ich war mit energischem Schritt durch das Dorf gegangen, ohne nach rechts oder links zu sehen, und hatte erst hinter dem Ort, den Blicken durch eine Wegbiegung entzogen, auf seinen Wagen gewartet.

Im Juni waren Ezekiel und Deborah King einmal mit dem Wagen aus Brighton gekommen, um mich zu besuchen. Ich hatte sie Mrs. Tancred vorgestellt, obwohl mir bei dem Gedanken an diese Begegnung nicht ganz wohl war.

Doch ich hätte mir keine Sorgen zu machen brauchen. Mrs. Tancred schien genausoviel daran zu liegen, daß dieses Treffen für alle Seiten angenehm verlief, wie mir. Sie wandte den ganzen Charme und alle Freundlichkeit auf, über die sie verfügte, und lud die Kings sogar ein, mit ihr Tee zu trinken.

Inzwischen hatten wir sogar einiges für den Haushalt anschaffen können: frische Tischtücher und Servietten, die dringend nötig gewesen waren. John Tancred hatte sein Versprechen gehalten. Er war mit Matt und Noire, dem Rappen, eines Morgens fortgeritten. Nach seiner Rückkehr hatte der Hausherr mich zu sich rufen lassen.

»Ich habe das Geld für Noire schon erhalten«, sagte er ohne Umschweife. »Wissen Sie, was Sie kaufen wollen?«

»Vor allem etwas Kleidung für Esmee. Und vielleicht ein wenig Tisch- und Bettwäsche. Wenn dann außerdem noch etwas möglich ist, wäre es schön, wenn wir . . .«

Er fiel mir einfach ins Wort. »Die Einzelheiten interessieren mich nicht. Sagen Sie mir, wieviel Geld Sie brauchen, und verschonen Sie mich mit den Details.«

Ich fühlte mich wie ein albernes, dummes Ding, das Wichtiges nicht von Unwichtigem unterscheiden kann, nachdem er so unumwunden zum Ausdruck gebracht hatte, daß seine Zeit zu schade für die Diskussion solcher häuslichen Einzelheiten war. Ich fand sein Benehmen ausgesprochen taktlos.

Ich sagte ihm, wieviel Geld nötig sein würde, und er zählte die Summe ab. Dann reichte er mir den Betrag und sagte kühl:

»Sie können den Haushalt sicher leiten, ohne mich mit den Einzelheiten zu behelligen. Ich habe mit der Pferdezucht genug zu tun. In einem Haus, in dem es drei Frauen gibt, brauche ich ja wahrhaftig nicht bei der Haushaltsführung zu helfen.«

»Ich habe Sie ja gar nicht um Hilfe gebeten!« Am liebsten hätte ich ihm das Geld ins Gesicht geworfen, so wütend war ich, aber wir brauchten es leider dringend. »Vielleicht erinnern Sie sich, daß *Sie* es waren . . .«

»Danke, das ist alles, Miß Wakeford. Sie können gehen.«

Ich kochte vor Zorn und gekränkter Eitelkeit. Er hatte sich mehr als unfreundlich betragen. Er war arrogant und brutal gewesen.

Ich ging schweigend hinaus. Auch wenn er noch so unglücklich war, hatte er kein Recht, seinen Unmut an mir auszulassen.

Mary und ich fuhren mit der Kutsche nach Brighton, und dieser Tag wird mir als einer der glücklichsten meines Lebens in Erinnerung bleiben. Uns verband eine Freundschaft, die mit einem gewissen Unbehagen vermischt war. Obgleich wir nicht darüber sprachen, standen die Geheimnisse von Tancred zwischen uns. Doch sobald wir das Haus verlassen hatten, fiel der unsichtbare Druck, unter dem wir standen, von uns ab. Zu meinem Erstaunen erfuhr ich, daß Mary, die älter und erfahrener war als ich, Brighton noch nie besucht hatte. Aus dem Waisenhaus war sie direkt nach Tancred gekommen und von dort aus war sie nie über Loxham hinausgelangt.

Für mich war es erst der vierte Besuch in Brighton, wenn ich meine Ankunft auf dem Bahnhof mitzählte, und ich war immer noch etwas durch den dort herrschenden Betrieb eingeschüchtert. Angesichts Marys bewunderndem Staunen kam ich mir jedoch wie eine Frau von Welt vor, während ich mit ihr wie eine erfahrene Städterin durch die Straßen ging und ihr die Sehenswürdigkeiten zeigte.

In der Tasche hatte ich einen Geldbetrag, dessen gewaltige Größe uns verwirrte, wozu auch die Fülle der Möglichkeiten beitrug, die er uns eröffnete. John Tancreds unfreundliche Worte, mit denen die Aushändigung des Geldes verbunden gewesen war, taten mir zwar noch weh, aber im Lauf des Tages verdrängte ich die Erinnerung daran aus meinem Bewußtsein und gab mich ganz der Freude hin, sein Vermögen zu verprassen.

Wir kauften Tischtücher, Servietten und Bettwäsche, Kleidung für Esmee und Hemden und Unterwäsche für Mary. Ich hatte vorgehabt, John Tancreds Erlaubnis dafür einzuholen, daß ich auch etwas für Mary erstand, aber da er ja nicht mit Einzelheiten belästigt werden wollte, handelte ich nun eben nach eigenem Ermessen.

Wir fuhren zum Eisenwarenladen und kauften einen Kochtopf und etwas Besteck für die Küche. Da wir beide bisher nie etwas ähnliches hatten kaufen können, brauchten wir unverzeihlich viel Zeit für die Auswahl, so daß uns gewiß alle Ladenbesitzer zum Teufel wünschten.

Wir kauften Trockenfrüchte und Lebensmittel für die Speisekammer, außerdem eine Speckseite, bei deren Anblick uns das Wasser im Munde zusammenlief. Dann ging ich mit Mary zum Pastetenbäcker und gab dort drei Pence — aber natürlich von meinem eigenen Geld — für eine Tüte Pasteten aus. Ich freute mich sehr über das spontane Entzücken, mit dem Mary mein Geschenk entgegennahm.

Wir aßen sie auf der Heimfahrt. Wir benahmen uns recht albern, glaube ich, denn wir kicherten wie Kinder, die etwas ausgefressen haben. Sogar noch nachdem wir Loxham hinter uns hatten und uns schon Tancred näherten, waren wir vergnügt und lachten. Mary klopfte sich die Krümel vom Schoß und deutete auf die runde Kruppe des feisten Pferdes, die vor uns auf und niederging.

»Ich glaube manchmal«, sagte sie, »daß die Pferde bei uns in Tancred besser leben als wir.«

Darüber mußten wir wieder lachen. Dann fiel mir auf, daß diese Worte die erste abfällige Bemerkung waren, die Mary je über Tancred gemacht hatte. Als wir die Wegbiegung am Fuß des Hügels hinter uns hatten, schritt das Pferd, dessen Zügel Mary jetzt hielt, immer langsamer aus. Plötzlich sagte sie leise: »Ich mag nicht zurück.«

Das Pferd blieb stehen. Ich sah Mary an. »Warum denn nicht?«

Erst dachte ich, sie würde es mir sagen, würde mir endlich verraten, was Tancred so düster und unheimlich machte und weshalb es verboten war, von Richard Tancred zu sprechen und von unzähligen anderen Dingen.

Mary sah zu dem Haus über uns empor. Ihre Finger verkrampften sich um die Zügel. Dann sank sie ein wenig in sich zusammen und ließ das Pferd wieder anziehen.

»Fahren wir weiter«, sagte sie mutlos. »Wir müssen uns um das Abendessen kümmern.«

Im August kam Ezekiel, um mich zu besuchen. Zu meiner Überraschung war er allein. Ich forderte ihn auf, ins Haus zu kommen, doch er schüttelte den Kopf.

»Bleiben wir lieber hier draußen«, sagte er. »Ich habe mit dir zu reden, Miriam. Es dauert nicht lange.«

Gespannt wartete ich darauf, den Grund für seinen Besuch zu erfahren.

»Ich habe mich umgehört, Miriam, und habe eine Stellung für dich in Brighton gefunden, eine sehr gute Stellung in der Familie eines Bankiers.«

Ich war überrascht. Seine Worte klangen fast so, als hätte ich ihn gebeten, sich nach einer anderen Tätigkeit für mich umzuhören. »Aber ich habe doch eine Stellung, Mr. King, hier in Tancred.«

Er runzelte die Stirn. »Mir ist gar nicht wohl bei dem Gedanken, daß du hier bist, Miriam. Gerade für ein Mädel wie dich ist das nicht das Richtige. Ich habe deine neue Stellung sehr sorgsam geprüft. Du mußt dich dort um sechs Kinder kümmern, aber mit dem Haushalt hast du nichts zu tun. Den führt Mrs. O'Brien, eine sehr tüchtige Frau.«

Ich ärgerte mich über seine Worte. Nicht deshalb, weil er sich in meine Angelegenheit mischte, sondern über dieses ›gerade für ein Mädel wie dich‹. Damit wollte er anscheinend auf die besonderen Umstände meiner Geburt anspielen. Er dachte wohl, daß ich in meiner ererbten Sündhaftigkeit besser in einer Stellung tätig war, in der er mich überwachen und lenken konnte.

»Ich danke Ihnen sehr für Ihre Bemühungen«, sagte ich steif, »aber mir gefällt es hier. Ich kann in Tancred viel lernen, und einen so großen Haushalt zu leiten, macht mir mehr Spaß als irgendwo Kindermädchen zu sein.«

Seine Miene drückte deutlich Mißfallen aus. »Das hier ist ein gottloses Haus«, sagte er hart.

»Dann ist es doppelt nötig, daß ich hierbleibe und den Willen des Herrn tue.«

Ich wunderte mich selbst, daß es mir gelang, meinen Ärger nicht merken zu lassen. Mr. King war auch wütend, doch er verbarg diese Tatsache weniger gut. »Ich habe bereits mit dem Bankier abgemacht, daß du bei ihm eintrittst«, erklärte er. »In diesem Fall ist es besser, Miriam, daß du tust, was ältere Menschen, die es gut mit dir meinen, für richtig halten.«

»Es tut mir sehr leid, Mr. King, daß Sie sich soviel Mühe meinetwegen gemacht haben, aber mein Großvater hat mit Mrs. Tancred vereinbart, daß ich für sie arbeiten werde, und ich möchte deshalb hierbleiben, solange es mir notwendig erscheint.«

Diese Antwort war eher geschickt als wahr. Großvater hatte die Absprache mit Mrs. Tancred nur getroffen, weil Miß Llewellyn es empfohlen hatte und er von mir dazu gedrängt worden war.

Mr. Kings Mund zog sich zu einem Strich zusammen. Jetzt konnte er nichts mehr sagen, ohne Großvater gegenüber unhöflich zu sein. Aber so schnell gab er nicht auf. »Wenn ich deinem

Großvater schreibe, wird er sicher einsehen, daß ich das Rechte getan habe.«

»Bitte, Mr. King, nehmen Sie es mir nicht übel, aber ich möchte lieber hierbleiben.«

»Du bist ein sehr ungehorsames und undankbares Mädchen«, erwiderte er streng.

Ich war verwundert. Zwar hatte ich Verständnis dafür, daß er sich als Pastor der Gemeinde ein wenig für mich verantwortlich fühlte, dennoch war seine harte Kritik wirklich nicht angebracht.

»Auf Wiedersehen, Mr. King«, sagte ich deshalb kühl.

Er stieg auf den Wagen. Aus seinem bleichen Gesicht stach die Hakennase weit hervor. »Ich werde deinem Großvater schreiben, Miriam«, sagte er.

»Auf Wiedersehen, Mr. King«, wiederholte ich.

Er fuhr den Hügel hinab und ließ mich voller Zorn zurück. Ich war so wütend, daß ich mir nicht einmal Sorgen darüber machte, was geschah, wenn er Großvater über das Vorgefallene berichtete. Erst später beunruhigte mich dieser Gedanke. Ich wollte nicht, daß Großvater etwa plötzlich in Tancred auftauchte und selbst sah, was für ein furchtbares Haus es war, in dem ich hier lebte, fast ohne Dienstboten und mit einer Familie, die nie in die Kirche ging.

Deshalb setzte ich mich am Abend hin und schrieb selbst an Großvater. Ich schilderte ihm den Besuch von Mr. King. Ferner teilte ich ihm mit, daß Tancred vielleicht nicht ganz so prächtig war, wie ich es nach Miß Llewellyns begeisterten Berichten erwartet hatte, daß man mich hier aber dringend brauchte. Die Hausherrin war an den Rollstuhl gefesselt, außerdem bedurfte Esmee dringend einer leitenden Hand, ich hatte kein Recht, beide einfach im Stich zu lassen, weil Mr. King es so wollte. Mein Brief ließ manches ungesagt, und ich muß auch gestehen, daß er nicht ganz aufrichtig war.

Erst später, als ich im Bett lag, begann ich mich zu fragen, weshalb mir eigentlich der Gedanke, Tancred zu verlassen, so schrecklich war.

Am nächsten Morgen begann ich mir ernsthaft Sorgen über Ezekiel Kings Besuch zu machen. Immer wieder ging mir der Gedanke im Kopf herum, daß Großvater oder gar Großmutter in Tancred auftauchen könnte, um mich nach Hause zu holen oder nach Brighton zu bringen, wo der sauertöpfige Ezekiel King mich überwachen würde.

Nach dem Frühstück verließ ich das Haus und stieg mit raschen Schritten den Hügel hinauf. Ich hatte den Platz mit den Drudensteinen zwar nicht besonders gern, aber man hatte von dort aus wenigstens einen schönen Blick aufs Meer.

In der Nähe sah ich John Tancred auf seinem Apfelschimmel dahintraben. Als er mich erblickte, hielt er sein Pferd an, dann wandte er es herum und kam zu mir heraufgaloppiert. Dicht vor mir hielt er das Tier an.

»Miß Wakeford«, sagte er zögernd mit einer knappen Neigung des Kopfes.

»Guten Morgen, Sir.« Ich nickte ebenso knapp zurück und schickte mich an weiterzugehen, denn ich hatte keine Lust, mich erneut von ihm hochnäsig behandeln zu lassen.

Er ritt jedoch nicht davon, sondern lenkte sein Pferd im Schritt neben mir her.

»Ich habe gesehen, daß Sie gestern Besuch hatten«, sagte er.

»Ja«, erwiderte ich nur und ging weiter.

»Miß Wakeford, ich habe diesen Herrn hier schon einmal gesehen. Haben Sie die Absicht, sich zu verheiraten?«

Ich war so verdutzt, daß ich stehenblieb und zu ihm aufsah. Seine Vermutung war so komisch, daß sie mich alle Sorgen, die Ezekiel Kings Besuch in mir erweckt hatte, vergessen ließ. Zuerst dachte ich, daß John Tancred mich verspottete, aber als ich in sein Gesicht blickte, las ich darin ehrliches Interesse.

»Heiraten? Ich? Mr. King?«

Bei dem Gedanken, daß der streng moralische Ezekiel King um meine Hand anhalten sollte, vermochte ich das Lachen nicht zurückzuhalten. John Tancred, der nichts von meiner unehelichen Geburt wußte, konnte natürlich nicht ahnen, wie abwegig seine Frage war. Daß der so sehr auf seine Würde bedachte Mr. King einem unehelichen und außerdem rebellischen Mädchen wie mir die Ehe anbieten würde, war wirklich zu komisch.

Ich glaube, Lachen ist genauso ansteckend wie Traurigkeit. Als ich auf dem Hügel neben den Drudensteinen stand und so laut lachte, daß nicht einmal der Wind das Geräusch übertönen konnte, begann John Tancred auch zu lächeln.

Er sah mich an und sagte: »Hätten Sie Lust, mit mir auszureiten, Miß Wakeford?«

Zuerst dachte ich, er wollte absteigen und mich statt dessen aufsitzen lassen, aber er hielt mir die Hand hin und deutete auf den Steigbügel.

»Stellen Sie den Fuß hier herein, Miß Wakeford.«

In diesem Augenblick waren mir Vorsicht und sittsames Betragen gleichgültig. Ich überlegte nicht, ob es unziemlich sei, mich vor John Tancred aufs Pferd zu setzen. Ich ergriff einfach seine Hand, stellte den Fuß in den Bügel und ließ mich von ihm emporziehen.

Es war alles ein bißchen unwirklich, und ich fragte nicht danach, ob ein anständiges Mädchen sich zu einem Mann aufs Pferd setzen durfte, den sie kaum kannte. Alles war wie ein verrückter Traum, wie ich so vor ihm saß und seine Arme rechts und links von mir die Zügel hielten.

Er ließ das Pferd in Galopp fallen, und wir sausten über die Hänge dahin. Tancred und die Drudensteine blieben rasch hinter uns zurück. Der Wind schlug mir die Röcke um die Beine, doch sobald wir uns ein Stück von den Klippen entfernt hatten, wehte er nicht mehr so stark und machte die wilde Jagd auf dem Pferderücken nur noch aufregender.

Schließlich erreichten wir eine Hügelkuppe, die alle anderen um ein Stück überragte. Von hier aus konnten wir das Meer und die Ebenen, die sich landeinwärts erstreckten, zugleich sehen. John Tancred brachte das Pferd zum Stehen und sagte: »Nehmen Sie bitte Ihre Haube ab, sie stört mich.«

Ich öffnete die Bänder unter dem Kinn und folgte seinem Befehl, dann ritten wir weiter, diesmal dem Meer zu, wo ein weißer Saum aus schäumender Gischt Land und Wasser mit scharfem Einschnitt trennte. Im stürmischen Ritt verlor ich die Haarnadeln, und es dauerte nicht lange, bis sich mein Haar vollends löste und wie eine Fahne hinter mir herwehte.

Die Hänge der Hügel wurden sanfter, und einer von ihnen führte zu einem Vorsprung auf halber Höhe der Klippen hinab. St. Jean — mir war inzwischen eingefallen, daß der Schimmel so hieß — trabte zielsicher dorthin. Anscheinend kam er öfters mit seinem Herrn hierher. Mit geblähten Nüstern sog das Tier den frischen Wind vom Meer ein. Als wir den Felsvorsprung erreicht hatten, blieb das Pferd stehen.

Und dann fühlte ich John Tancreds Hände in meinem Haar. Der Sturm der Gefühle, der dabei in mir erwachte, war so überwältigend, daß ich keine Worte fand. Noch nie hatte ich etwas Ähnliches empfunden, nicht einmal, als Joseph Whittaker mich nach dem Gottesdienst gefragt hatte, ob er mich nach Hause bringen durfte. Ich wagte mich nicht zu rühren, weil ich Angst hatte, aus dem Traum, der mich gefangenhielt, zu erwachen und mich plötzlich in meinem Bett in Tancred wiederzufinden.

Ich wollte etwas sagen, doch jedes Wort hätte den seltsamen Zauber zerstört und alles häßlich gemacht. Ich war Miriam Wakeford und hatte kein Recht, auf dem Pferd John Tancreds zu sitzen. Jedes Mal, wenn seine Finger mein Haar berührten, überflutete mich eine warme Woge, die von irgendwo in meinem Innern aufstieg. Nicht vom Herzen, wie es in modernen Romanen hieß, sondern eher aus der Kehle oder dem Magen. Mir wurde so warm, so wehrlos dabei, daß ich jetzt gegen nichts, gegen gar nichts, was John Tancred wünschte, hätte Widerstand leisten können.

Er hatte starke Hände. Seine Bewegungen waren jedoch so sanft, als sei es ein Knabe, der so vorsichtig über meine Locken strich.

Ich fühlte, wie er mein Haar zusammennahm und es auf der Hand wog, bevor er es wieder niedergleiten ließ. Dann streifte er es mir sanft aus dem Gesicht und strich es mir hinter die Ohren, so daß es mir der Wind nicht mehr in die Augen wehen konnte.

Jetzt gestand ich mir ein, weshalb ich Tancred nicht mehr verlassen wollte: John Tancred war genauso einsam wie ich, und ich liebte ihn.

Nun hörten die Bewegungen seiner Hände auf. Ich faßte Mut und wandte mich nach ihm um. Ich war seinem Gesicht so nahe, daß ich jede Vertiefung und Wucherung der Narbe aus nächster Nähe sehen konnte. Seltsamerweise stieß mich dieser Anblick nicht im geringsten ab. Nur der gequälte Blick, mit dem er mich ansah, war so unerträglich, daß ich die Augen schloß.

Und wie im Traum, ohne recht zu wissen, was ich tat, legte ich die Hand auf seine Schulter und küßte ihn auf die vernarbte Wange.

Dabei machte das Pferd eine Bewegung und wieherte unruhig. Dieses Geräusch ließ mich plötzlich aus meinem Traum erwachen. Schlagartig wurde mir die Ungeheuerlichkeit meiner Tat bewußt, und mir schoß das Blut ins Gesicht.

Ich versuchte, mein Haar zusammenzuknoten, aber ich hatte inzwischen alle Nadeln daraus verloren. Je mehr ich mit meinen Locken kämpfte, desto mehr zerrte der Wind daran, und schließlich stopfte ich sie einfach unter die Haube, deren Bänder ich unter dem Kinn fest verknotete.

Mir strömten die Tränen übers Gesicht, und ich hatte nur den einen Wunsch, so schnell wie möglich in mein Zimmer zu kommen und meiner schamlosen Tat zu entfliehen. Ezekiel King hatte ganz recht. Großmutter hatte recht. Ich war von Geburt an schlecht und sündhaft. Ich hatte die Schlechtigkeit von meinem Vater geerbt und vielleicht auch ein wenig Leichtsinn von meiner Mutter. Ich hatte mich zum Herrn von Tancred aufs Pferd gesetzt. Ich hatte die Haube abgenommen und ihn mein Haar berühren lassen. Und obendrein hatte ich ihn auch noch geküßt!

Ich wagte den Mann hinter meinem Rücken nicht anzusehen. Als ich die Bänder meiner Haube zugeknotet hatte, beugte er sich vor, um die Zügel zu ergreifen. Dabei berührte er flüchtig meine Wange mit der seinen. Schweigend lenkte er St. Jean den Weg zurück, den wir hergekommen waren. Diesmal galoppierten wir nicht, sondern ritten in scharfem Trab dahin.

Ich wäre am liebsten schon bei den Drudensteinen abgestiegen, aber ich brachte diesen Wunsch nicht über die Lippen, und so ritten wir bis zu den Ställen direkt gegenüber der Küchentür. Er stieg zuerst ab, dann ergriff er mit beiden Händen meine Taille und hob mich vom Pferd, wobei er mich kurz und flüchtig an sich drückte. Ich hätte ihn gern angesehen, um zu wissen, ob er dabei ein erheitertes, ein verächtliches oder gleichgültiges Gesicht machte, doch ich brachte es nicht fertig. Rasch wandte ich mich ab und rannte ins Haus.

Mary stand in der offenen Tür und sah mir verwundert entgegen. Ich drängte mich an ihr vorbei. Sie folgte mir in die Küche.

»Wo waren Sie denn? Mrs. Tancred hat schon nach Ihnen gefragt, und ich habe Sie überall gesucht. Es ist Besuch da.«

»Besuch?«

Ich wandte mich zu ihr um. Mary war freudig erregt, und sie hatte sich eine saubere Schürze umgebunden. »Ja, sie sind vor einer Stunde gekommen. Die Gnädige hat immer wieder nach Ihnen gefragt. Wo haben Sie denn gesteckt?«

»Ich . . . ich habe Esmee gesucht. Sagen Sie, Mary, der Besuch . . . es ist doch hoffentlich nicht Mr. King?«

»Nein, natürlich nicht«, erwiderte sie verwundert. »Es sind Freundinnen von Mrs. Tancred, aus der Zeit vor ihrer Ehe. Beeilen Sie sich, sie wartet doch auf Sie.«

Ich strich mir das Kleid glatt, rückte mir die Haube zurecht und ging eilends zu Mrs. Tancred.

Als ich ihr Zimmer betrat, fand ich drei fremde Frauen bei ihr vor. Die eine, die neben ihr saß, war klein und dick, vermutlich etwas jünger als Mrs. Tancred, aber bei weitem keine so imposante Erscheinung. Sie trug ein beigefarbenes Kleid, und obwohl sie fest geschnürt war, schien es ihr zu eng zu sein.

Mrs. Tancred war sichtlich erleichtert, als sie mich sah. »Ah, Miß Wakeford, da sind Sie ja. Ich habe Sie schon vermißt.«

»Ich war auf der Suche nach Esmee, Madam, ich . . .«

»Ja, natürlich.« Sie wandte sich der dicken Dame zu und sagte: »Miß Wakeford nimmt ihre Pflichten als Erzieherin sehr ernst. Auch wenn sie die Kleine nicht gerade unterrichtet, verbringt sie jede freie Minute mit dem Kind.«

Ich war überrascht von meinem Aufstieg auf der sozialen Stufenleiter zur Position der Gouvernante, ließ es mir aber nicht anmerken. Die dicke Dame strahlte mich an.

Mrs. Tancred bedachte mich mit einem bohrenden Blick und fragte vorsichtig: »Und wo ist Esmee jetzt, Miß Wakeford? Ich nehme an, daß sie ihren Mittagsschlaf hält.« Sie ließ mir absichtlich keine Gelegenheit zu antworten und fügte rasch hinzu: »Weißt du, Grace, Esmee ist ein so zartes Kind. Wir müssen dafür sorgen, daß sie viel Ruhe hat.«

Grace gab mitfühlende Laute von sich, und Mrs. Tancred warf mir erneut einen bedeutungsvollen Blick zu. Sie brauchte sich keine Sorgen zu machen. Ich hatte schon begriffen, daß Esmee nicht etwa plötzlich auftauchen sollte.

»Miß Wakeford, das ist eine Schulfreundin von mir, Grace Thorburn. Und das« — sie sah die zweite Frau an — »ist ihre Tochter Mildred, inzwischen leider auch verwitwet wie ihre liebe Mutter.«

Grace Thorburn fuhr sich rasch mit einem Taschentuch an die Augen, um dem verblichenen Mr. Thorburn den schuldigen Tribut zu zollen.

»Mrs. Thorburn und ihre liebe Tochter sind extra von Chichester gekommen, um zu sehen, wie es mir geht.«

Mrs. Thorburn beugte sich vor, soweit es ihr Korsett erlaubte. »Wir sind doch immer ein Herz und eine Seele gewesen«, sagte sie. »Ich weiß noch genau, wie Richard um dich geworben hat und wie wir immer unsere Geheimnisse austauschten.«

Ich konnte mir beim besten Willen Mrs. Tancred nicht als junges kicherndes Mädchen vorstellen, das mit einer Freundin Geheimnisse austauschte.

»Ist es weit nach Chichester?« fragte ich, um auch etwas zur Unterhaltung beizutragen.

»O ja! Entsetzlich weit«, rief Mrs. Thorburn mit heller Stimme. »Ich habe gedacht, die Reise würde kein Ende nehmen. Wissen Sie, wir werden nämlich nach Brighton ziehen. Sobald das feststand, habe ich zu Mildred gesagt, jetzt müssen wir unbedingt bei Emma vorbeifahren und ihr sagen, daß wir in Kürze Nachbarn sein werden.«

Ich warf Mrs. Tancred einen besorgten Blick zu. Es mußte ihr doch klar sein, daß wir uns in Tancred keine Geselligkeiten leisten konnten. Wenn ihre Freundin glaubte, Mrs. Tancred könne ihr dazu verhelfen, in der Gesellschaft von Brigthon Eingang zu finden, würde sie eine Enttäuschung erleben. Doch zu meiner Überraschung schien Mrs. Tancred dieser Gedanke gar nicht unbehaglich zu sein, sondern sie in freudige Erregung zu versetzen.

»Ich habe Grace schon gesagt, daß ich ihr zu Ehren ein Fest geben werde«, erklärte sie. »Keine große Angelegenheit, nur ein paar gute Freunde, um sie in Tancred willkommen zu heißen.«

Ich bemühte mich, mir meine Überraschung nicht anmerken zu lassen, aber der Gedanke, in Tancred eine Gesellschaft zu geben, war, gelinde gesagt, absurd in Anbetracht des Zustandes, in dem sich das ganze Haus befand. Außerdem bezweifelte ich, daß überhaupt noch genug anständiges Geschirr und Silber vorhanden war, um mehr als sechs Personen zu bewirten.

»Wir reizend von dir, Emma«, sagte Mrs. Thorburn. »Da die arme Mildred inzwischen auch ihr Trauerjahr hinter sich hat, freuen wir uns richtig darauf.«

Ich wandte meinen Blick der armen Mildred zu. Sie war eine jüngere und schlankere Ausgabe ihrer Mutter. Sie mochte Anfang Dreißig sein. Sehr hübsch war sie allerdings nicht, obwohl sie einen sympathischen Eindruck machte.

Ihre Mutter ergriff ihre Hand. »Meine arme Mildred. Jetzt, da die Jungen im Internat sind, hat sie nur ihre alte Mutter zur Gesellschaft.«

»Wie viele Söhne haben Sie denn?« fragte ich.

»Zwei, Miß Wakeford.«

Mrs. Tancred beugte sich vor. »Und es ist gar nicht so einfach, zwei Buben ohne Vater aufzuziehen, nicht wahr, Mildred?«

Plötzlich begriff ich, was hier gespielt wurde. Mrs. Tancreds Versprechen, eine Einladung zu geben, ihr Versuch, mich als eine pflichtbewußte Gouvernante vorzuzeigen, und ihr Bemühen, Esmee fernzuhalten, hatten endlich eine Erklärung gefunden.

»Mein Sohn ist auch sehr vereinsamt, seit seine liebe Frau gestorben ist«, fuhr Mrs. Tancred fort. »Nur wer selbst von einem so schweren Verlust betroffen worden ist, kann verstehen, wie jemand anderem in dieser Lage zumute ist.«

Die beiden älteren Damen tauschten einen verständnisinnigen Blick. Frage, Antwort und Zustimmung waren gleichzeitig in ihm enthalten. Eine wortlose Absprache war getroffen worden.

»Bitte, Miß Wakeford, veranlassen Sie doch, daß man uns Tee bringt.«

Ich wandte mich zum Gehen, und Mrs. Thorburn sagte: »Miß Timkins könnte Ihnen ja helfen.«

Erst jetzt fiel mir der dritte Gast wieder ein. In dieser Besucherin erkannte ich sofort die typische arme Verwandte, eine jener alten Jungfern, deren Tragik es ist, daß Frauen aus gutem Hause keinen Beruf ausüben dürfen und deshalb gezwungen sind, als unbezahlte Dienstboten ihrer Verwandten zu leben. Sie haben dabei alle Nachteile einer solchen Tätigkeit, ohne Gehalt dafür zu empfangen. Miß Timkins sah so farblos, so unbedeutend aus, daß man Mühe hatte, sich an ihr Gesicht zu erinnern, wenn man auch nur kurz von ihr wegsah.

»Danke, das ist nicht nötig, Grace«, wehrte Mrs. Tancred rasch ab. Es schien ihr wohl nicht angebracht, daß Miß Timkins den Zustand der Küche und der Gänge, die dorthin führten, zu sehen bekam oder etwa gar Esmee oder Matt Johnson in die Arme lief.

Ich war schon auf der Schwelle, als sie in die Räder ihres Stuhles griff und rasch zu mir fuhr. Immer wieder war ich überrascht von der Behendigkeit, mit der sie sich in ihm bewegte. Sie verdeckte den Frauen durch die Lehne des Rollstuhls den Blick auf uns und steckte mir einen Schlüssel zu.

»Das Porzellan ist im Schrank«, raunte sie mir zu. Gleich darauf rollte sie lächelnd zu ihren Gästen zurück.

Ich ging in die Küche und fragte Mary, ob sie wisse, von welchem Schrank Mrs. Tancred gesprochen hatte. Als sie den Schlüssel sah, war sie sehr beeindruckt.

»Das Geschirr ist das letzte von der Aussteuer der Gnädigen«, sagte sie. »Er hat damals alles versetzt, was ihm in die Hände kam, aber ein paar Sachen hat sie hier in der alten Speisekammer versteckt.«

Neben der Küche befand sich eine große Kammer, die früher dazu benutzt worden war, Wild und anderes Fleisch abhängen zu lassen. Jetzt war der Raum mit alten Möbeln und ähnlichem Gerümpel angefüllt. Mary schloß einen kleinen Schrank auf und holte andächtig ein chinesisches Teeservice heraus.

»Das haben wir zum letztenmal benutzt, als Mr. John mit seiner Frau nach Tancred kam«, sagte Mary und berührte die Tassen mit ängstlicher Vorsicht. Auch ich faßte das Geschirr nur mit Unbehagen an. Es war so zart und fein, daß ich Angst hatte, es zu zerbrechen.

Als ich dann später das Tablett hineinbrachte, schenkte Mrs. Tancred den zierlichen Tassen so wenig Beachtung, als benutzten wir sie jeden Tag. Sie goß den Tee ein und reichte mir dann die Tassen, damit ich sie den Gästen servieren konnte. Als ich auch die unscheinbare Miß Timkins bedient hatte, erhielt ich ebenfalls eine Tasse. Daraus entnahm ich, daß ich dableiben sollte. Natürlich wußte ich, wo mein Platz war, und ließ mich neben Miß Timkins nieder.

Unter normalen Umständen hätte man mich sicher nicht in das gesellige Beisammensein mit einbezogen, doch im Augenblick war ich eine wertvolle Bereicherung der Szenerie. Ich war ein relativ normaler Mensch in einer Familie von Abnormitäten. Außerdem konnte ich als Esmees Gouvernante dem armseligen Haushalt einen gewissen gesellschaftlichen Glanz verleihen.

Nachdem der Tee getrunken war, brachen die Damen auf. Der Umstand, daß John Tancred nicht erschien, wurde mit keinem Wort erwähnt. Mrs. Tancred hatte dafür vermutlich irgendeine

Ausrede vorgebracht, während ich — während ich mit ihm über die Hügel ritt.

Die Erinnerung daran, wie ich den Tag verbracht hatte, ließ mir das Blut ins Gesicht schießen. Energisch verdrängte ich den Gedanken aus meinem Bewußtsein.

Die Damen küßten sich zum Abschied auf die Wangen, und sogar Miß Timkins wurde dabei nicht vergessen. Mit den Versicherungen des Bedauerns über den raschen Aufbruch und dem Versprechen, einander bald wiederzusehen, ging man zur Tür, wo die Besucherinnen von Mary in Empfang genommen wurden, die sie sodann eiligst durch die schäbigen Gänge geleitete. Als sie verschwunden waren, hörte ich Mrs. Tancred hinter mir einen Seufzer der Erleichterung ausstoßen.

»Endlich!« murmelte sie triumphierend vor sich hin. »Endlich!«

»Werden Ihre Freundinnen jetzt öfters kommen, Mrs. Tancred?« fragte ich.

Sie wandte mir den Kopf zu und sagte: »Dafür werde ich schon sorgen, daß sie das tun.«

»Sie haben gesagt, daß Sie eine Gesellschaft geben wollen, Mrs. Tancred«, begann ich vorsichtig.

»Ja, ich habe es ihnen versprochen, Miß Wakeford, und deshalb muß ich es auch tun. Glauben Sie vielleicht, wir hätten nicht genug Freunde, um eine Gesellschaft veranstalten zu können? Ich werde sogar einen regelrechten Ball geben!«

»Daß Sie nicht genügend Freunde haben, glaube ich natürlich nicht«, erwiderte ich, »nur glauben Sie, daß wir alles andere haben, was dazu nötig ist, Madam?«

Zu meiner Überraschung ärgerte sie sich nicht über meine Worte. »Natürlich fehlt uns alles andere, Miß Wakeford«, sagte sie ungeduldig. »Ich werde ja wohl wissen, in welchem Zustand mein Haushalt ist, und dieser Zustand ist katastrophal. Das weiß ich ganz genau. Glauben Sie mir, ich bin keine schrullige alte Frau, die nur in der Vergangenheit lebt.«

Da ich genau das gedacht hatte, ließen mich ihre Worte erröten. »Nein, natürlich nicht, Madam«, versicherte ich hastig.

»Wir brauchen Geld für diesen Ball. Personal, Essen und Musiker müssen bezahlt werden. Nun, wir werden das nötige Geld auftreiben.«

Sie rollte ihren Stuhl zu mir herum und sah mich herausfordernd an. Ich wußte nicht, was ich erwidern sollte. Mir schien der Plan einfach absurd. Die Holztäfelung fiel überall von den Wänden, und es waren nicht einmal genug Lampen da, um einen größeren Raum zu erhellen, geschweige denn den Ahnensaal. Es war kaum anzunehmen, daß man irgend jemanden bewegen konnte, einer Einladung nach Tancred zu folgen, und vor allem konnte ich mir nicht vorstellen, daß John Tancred einen Frack anziehen und die Gäste empfangen würde.

»Nun, Miß Wakeford?«

Sie hatte mich nicht aus den Augen gelassen.

»Wo soll der Ball denn stattfinden, Madam?«

»Im Ahnensaal. Wo denn sonst?«

»Aber wir haben nicht genug Lampen.«

»Die werden wir eben kaufen.«

»Die Täfelung ist an einigen Stellen abgefallen, und der Wind pfeift durch die Ritzen in den Mauern.«

»Wenn genug zu essen und zu trinken da ist, werden die Gäste beim Tanzen und Plaudern nicht auf die Wände achten.«

Sie sah mich an, als würde sie mich hassen, doch ich wußte genau, daß sie das nicht tat. Ich war ihr viel zu unwichtig, um ein so heftiges Gefühl wie Haß in ihr hervorzurufen.

»Wir werden den Ball im September abhalten. Dann haben wir einen Monat Zeit für die Vorbereitungen, und es wird trotzdem warm genug sein, daß wir nicht heizen müssen.«

Ich weiß heute noch nicht, ob ihr Einfall verrückt war oder besonders gescheit. Aber sie hatte so überzeugend gesprochen, daß ich selbst anfing, an die Ausführbarkeit ihres Planes zu glauben.

»Gehen Sie zum Kamin, Miß Wakeford. Wenn Sie genau hinsehen, werden Sie eine kleine Vertiefung links am Sims entdecken. Drücken Sie darauf und bringen Sie mir das Kästchen.«

Das Geheimfach im Kaminsims war so gut verborgen, daß ich es nie entdeckt hatte, obwohl ich hier schon oft Staub gewischt hatte. Ein flacher Schmuckkasten lag darin. Ich trug ihn vorsichtig zu Mrs. Tancred.

Sie nahm ihn mir ab. Einen Augenblick hielt sie das schwarze Lederkästchen vorsichtig auf dem Schoß, ohne es zu öffnen. Sie wischte behutsam, beinahe liebevoll mit ihren langen, schmalen Händen den Deckel ab, dann hob sie ihn mit fast andächtiger Gebärde hoch und betrachtete den Inhalt des Kastens.

»Die letzten«, sagte sie leise, so leise, daß ich sie kaum verstand. »Das sind die letzten.«

Es waren Perlen, mehrere Reihen herrlich glänzender Perlen.

In Gedanken verloren sah Mrs. Tancred sie an und ließ sie liebevoll durch ihre Finger gleiten. »Die allerletzten«, flüsterte sie. »Alles andere hat er mir weggenommen, alles, was mir gehörte, aber diese Perlen hatten mir meine Eltern zur Hochzeit geschenkt, und ich habe ihm gesagt, daß ich sie verloren hätte.«

Sie hielt sie ins Licht, so daß sie aufleuchteten.

»Ich wußte, daß einst der Tag kommen würde, an dem ich sie brauchte, an dem ich unbedingt noch ein letztes Wertstück haben mußte. Sehen Sie, wie schön sie sind?«

Plötzlich drückte sie mir die Perlen in die Hand.

»Morgen lassen Sie sich von Matthew nach Brighton fahren. Ich gebe Ihnen einen Brief an Mr. Dreugh von Dreugh und Warner mit. Ihm werden Sie die Perlen verkaufen. Es ist eine seriöse Firma, und man wird Ihnen einen anständigen Preis dafür zahlen. Wenn Sie das Geld haben, kommen Sie zurück, und dann überlegen wir, was wir am besten dafür kaufen.«

Das alles war verwirrend schnell gegangen. Ich war ganz durcheinander von dem, was sie über Richard Tancred gesagt hatte und auch durch den Wert der Perlen.

»Sollten Sie die Perlen nicht für später aufheben«, wandte ich ein, »wenn Sie vielleicht Geld für etwas Wichtigeres brauchen?«

»Das ist wichtig genug, Miß Wakeford. Mit uns geht es abwärts, das haben Sie doch gemerkt. Jetzt haben wir eine Chance, das zu ändern.«

»Also gut, wie Sie wünschen«, sagte ich und wandte mich der Tür zu. Ihre Stimme hielt mich zurück.

»Miß Wakeford.«

»Madam?«

Sie hatte den Blick auf den Webstuhl gerichtet, einen Blick, in dem sich Triumph mit Widerwillen mischte. »Schicken Sie Mary her. Sie soll den Webstuhl wegbringen. Ich will ihn nicht mehr.«

Ich verharrte regungslos auf der Schwelle. Als sie nichts weiter sagte, ging ich hinaus.

Spät am Abend hörte ich laute Stimmen, heftige, zornige Stimmen. Sie kamen aus Mrs. Tancreds Zimmer. Ich konnte die Worte nicht verstehen, die gewechselt wurden, aber es schien

John zu sein, der seiner Mutter heftig widersprach. Sie schrie und weinte. Die Stimmen hallten durch den Korridor, und ich vergrub den Kopf in den Kissen.

Ich dachte an den seltsamen Ritt durch die Hügel auf dem großen Apfelschimmel mit dem Mann, der jetzt so heftig schrie. Ja, es war nur ein Traum gewesen, ein Traum, der mich nun im Dunkel der Nacht nicht einmal mehr Scham empfinden ließ. In diesem Haus wurden alle normalen Gefühle — Scham, Liebe, Zärtlichkeit — von einem anderen verdrängt, das sie zunichte machte.

In diesem Haus regierte nur die Angst.

8

Am nächsten Morgen fuhr ich nach Brighton. Die Perlen waren in ein Stück Fell eingepackt, das ich mit einer Sicherheitsnadel an der Innenseite meiner Handtasche festgesteckt hatte.

Matthew saß neben mir auf dem Bock. Ich hatte nicht die Kraft aufgebracht, gegen seine Begleitung zu protestieren. Außerdem wußte ich, daß er es nicht mehr wagen würde, mich zu belästigen, wenigstens nicht solange er wußte, daß ich nach Tancred zurückkehrte. Glücklicherweise sprach er nicht mit mir, weder auf dem Hinweg, noch auf der Rückfahrt, bei der ich einen Brief mit einer Geldanweisung von Dreugh und Warner für Mrs. Tancred in der Tasche hatte. Als wir das Haus vor uns auftauchen sahen, sagte Matthew mit haßerfüllter Stimme:

»Ich hab's nicht vergessen. Bilde dir bloß nicht ein, daß ich das je vergesse, du kleine Kröte du.«

Ich sah ihn an. Sein Haß erschreckte mich nicht. Ich hatte das feste Gefühl, auf eine Katastrophe zuzutreiben. Sein Haß konnte mein Unbehagen auch nicht mehr vergrößern.

Mrs. Tancred hatte ihren Rollstuhl dicht an die Treppe geschoben, so ungeduldig wartete sie auf meine Rückkehr. Ich reichte ihr den Brief, und sein Inhalt befriedigte sie offensichtlich. Sie nickte, und ihr Mund verzog sich zu einem Lächeln.

»Gut«, sagte sie freudig erregt. »Miß Wakeford, holen Sie sich Papier und Bleistift, und kommen Sie sofort zu mir. Sie werden eine Liste machen von allem, was gekauft werden soll und was getan werden muß.«

Ich nickte. Wie benommen ging ich in mein Zimmer, um die Schreibutensilien zu holen. Dann begab ich mich zu ihr und empfing ihre ersten Anweisungen für den Ball, denen im Lauf der nächsten vier Wochen noch viele weitere folgen sollten.

Obwohl ich nach wie vor ihr Vorhaben als völlig verrückt ansah, war ihre Überzeugungskraft doch so groß, daß mir in den folgenden Wochen ihre Pläne immer weniger absurd vorkamen. Schließlich glaubte ich selbst daran, daß Tancred wieder seinen ehemaligen Glanz entfalten würde, mit eleganten Männern und schönen Frauen als Gästen, während John Tancred sie im Frack als charmanter Gastgeber bezauberte und sich nach einer neuen Frau umsah.

Ich begann das ungewöhnliche Organisationstalent der alten Dame zu bewundern. Obwohl sie so oft den Eindruck erweckte, mit ihren Gedanken in der Vergangenheit zu leben, in alten Träumen und Ängsten, verfügte sie doch über viel gesunden Menschenverstand, auf den sie, wenn es nötig war, zurückgreifen konnte.

Wir bereiteten die Einladungen vor. Insgesamt waren es siebzig, und jede einzelne war von ihr oder mir mit der Hand geschrieben. Ich verbrachte fast einen ganzen Tag in Brighton damit, sie auszutragen, und vier weitere Tage lang fuhr ich in der Umgebung umher und händigte sie den Dienern und Mägden der Empfänger aus.

Ich weiß nicht mehr wie oft ich außerdem noch, von Mary oder Matthew begleitet, nach Brighton fuhr. Dienstboten wurden für drei Tage von einer Arbeitsvermittlung angeworben, die sich auf Personal für Festlichkeiten spezialisiert hatte. Dort konnte man auch Gläser, Teller, Servietten und alles andere ausleihen, was man für das kalte Buffet brauchte. An einem anderen Tag wartete ich auf dem Bahnhof von Brighton auf die Ankunft der Lampen, die in London bestellt worden waren.

Ich engagierte eine Kapelle von vier Musikern, und ein Klavier wurde von einem der riesigen Dachböden heruntergeholt. Der Stimmer brauchte sechs Tage, um es wieder in Ordnung zu bringen. Ich bestellte Wein und Sherry, und der einzige normale Mensch, den ich in dieser Zeit sah, war Reuben Tyler, der uns die Getränke brachte. Ich freute mich sehr, ihn wiederzusehen.

Jeden Mittwoch erschienen Mrs. Thorburn, ihre Tochter Mildred und die farblose Miß Timkins zum Tee. Immer wurde das chinesische Porzellan zu diesem Anlaß hervorgeholt, und Mrs. Tancred plauderte liebenswürdig mit ihren Gästen. Das Gespräch drehte sich meistens um die Kleider, die die Damen zum Ball tragen wollten, und wer alles erscheinen würde.

Als die Damen zum drittenmal dagewesen waren und aufbrechen wollten, wies mich Mrs. Tancred an, die Gäste zu ihrer Kutsche hinauszubegleiten. »Kommen Sie dann aber noch einmal zu mir«, setzte sie hinzu.

Allmählich wurde ich etwas gleichgültiger, wenn es um die Ballvorbereitungen ging. Ich war nervös und abgespannt, und ich hatte gehofft, heute Ruhe vor Mrs. Tancred zu haben. Während ich die Besucherinnen im Eiltempo durch die Gänge geleitete, hörte ich dem Geplapper von Mrs. Thorburn nur mit halbem Ohr zu.

». . . wirklich ein gesellschaftliches Ereignis . . . wir leben doch sehr zurückgezogen . . . so schön für Mildred . . . junge Menschen in ihrem Alter . . .«

Wir hatten die Haustür erreicht, und ich öffnete sie für die Damen. Mrs. Thornburn ging zuerst hinaus, und ihr Redefluß erstarb plötzlich. Von Miß Timkins vor mir hörte ich einen halbunterdrückten Laut der Überraschung, und als ich den Besucherinnen hinausfolgte, sah ich den Grund der allgemeinen Verwirrung.

John Tancred lehnte lässig an der Tür ihrer Kutsche. Er hatte sich absichtlich so hingestellt, daß ihnen die Narbe voll zugewandt war. Da er ihnen das Profil zeigte, war die entstellte Seite fast das einzige, was sie von seinem Gesicht sahen.

Miß Timkins stieß einen piepsenden Schreckenslaut aus, und Mrs. Thorburn warf ihr einen wütenden Blick zu. Jetzt kam John Tancred auf sie zu.

»Meine Damen«, sagte er höflich und machte eine tiefe Verbeugung. Dann lächelte er. Dieses Lächeln war so anders als das, mit dem er mich an jenem denkwürdigen Tag unseres gemeinsamen Rittes bedacht hatte, daß es mir einen Schauer über den Rücken jagte. Es war ein kaltes, eisiges Lächeln, das nur den unverletzten Mundwinkel in die Höhe zog und die Narbe unbeweglich ließ. Er tat es absichtlich. Ich kannte inzwischen sein normales Lächeln, und das sah ganz anders aus. Ich hatte ihn auch schon lachen gesehen. Wenn er wollte, konnte er den Betrachter die Entstellung seines Gesichtes völlig vergessen lassen.

Mrs. Thorburn segelte die Stufen hinab mit ausgestreckter Hand auf ihn zu. »Mein lieber John!« sagte sie bewegt, »wir haben uns ja schon seit Ewigkeiten nicht mehr gesehen. Damals waren Sie noch ein kleiner Junge, und nun . . .«

Sie wußte nicht weiter. Doch sie überwand dieses Hindernis mit bewundernswerter Sicherheit und ließ sich durch nichts anmerken, daß Johns Anblick sie erschreckt hatte. Sie zog ihre Tochter am Arm heran.

»Sicher werden Sie sich noch an Mildred erinnern. Ihr habt immer so reizend miteinander gespielt, als ihr noch klein wart.«

Mildred verfügte nicht über die Selbstbeherrschung ihrer Mutter. Sie war feuerrot geworden und hielt den Blick sehr sorgsam von Johns Gesicht abgewandt.

»Ach, die liebe Mildred«, sagte John Tancred in zuckersüßem Ton. »Sie haben sich ja überhaupt nicht verändert.«

Da sie keine Antwort geben konnte, die nicht indirekt oder direkt auf *seine* Veränderung angespielt hätte, war sie klug genug, zu schweigen. Er nahm ihre Hand, lächelte erneut, und der lieben Mildred blieb nichts anderes übrig, als ihren Blick endlich seinem Gesicht zuzuwenden. Mrs. Thorburn überbrückte geschickt das unbehagliche Schweigen, das folgte.

»So, mein Lieber, wir müssen leider aufbrechen«, zwitscherte sie, »aber wir freuen uns schon sehr darauf, daß wir uns nächste Woche beim Ball ein wenig länger miteinander unterhalten können.«

Zu meiner Überraschung stellte sie sich dann auf die Zehenspitzen und gab ihm einen flüchtigen Kuß auf die Wange. Es war eine freundschaftliche Form des Grußes, die einer älteren Dame durchaus zustand, wenn sie einen jungen Mann schon seit seiner Kindheit kannte.

Meine Bewunderung für sie wuchs. Bisher hatte ich in ihr nur eine dumme, oberflächliche Person gesehen, die über nichts anderes als Kleider und ähnlichen Unsinn reden konnte. Offensichtlich hatte ich mich in ihr getäuscht. Sie war auf ihre Art genauso zielstrebig wie Mrs. Tancred, wenn es darum ging, Pläne zu verwirklichen.

Mrs. Thorburn schob die verwirrte Miß Timkins kurzerhand in die Kutsche. Es war das Vernünftigste, das zimperliche Fräulein nicht mit John bekanntzumachen. Ihre Nervosität hätte bestimmt keine Grenzen gekannt, wenn man sie gezwungen hätte, John Tancreds Gesicht von nahem zu betrachten. Die beiden Damen folgten ihr, und die Kutsche setzte sich in Bewegung, während zwei rundliche Hände zum Fenster hinauswinkten. John Tancred sah dem Fahrzeug nach.

»Sie machen diesen Affenzirkus wahrscheinlich auch mit«, sagte er dabei kühl zu mir.

»Ich bin hier angestellt um das zu tun, was man mir aufträgt.«

Seit die Vorbereitungen für den Ball begonnen hatten, war ich sehr deprimiert. Man setzte mich für die Verwirklichung eines Planes ein, der mich mit Kummer erfüllte. Trotz des seltsamen Rittes durch die Hügel bildete ich mir nicht ein, daß John Tancred mich mochte. Ich glaubte, er sei ein Mensch, der überhaupt niemanden gut leiden konnte. Zuneigung und Zärtlichkeit schienen Gefühle, die ihm nicht gegeben waren. Aber ich konnte mich noch gut daran erinnern, was geschehen war, als wir auf dem Aussichtspunkt aus halber Höhe der Klippen angehalten hatten. Unter dem lächelnden Zynismus des verbitterten Mannes lebte die Unschuld des kleinen Jungen fort. Er sah mich mit undurchdringlicher Miene an.

»Miriam«, sagte er leise, dann streckte er seine Hand aus und berührte vorsichtig die meine. Dumme, unerklärliche Tränen standen plötzlich in meinen Augen. Er hob die Hand und berührte eine, die mir über die Wange lief.

»Arme kleine Miß Wakeford«, sagte er halblaut. »Sie hätten nie herkommen sollen. Und jetzt sind Sie gefangen. Gefangen wie die Tancreds.«

Ich schluckte, dann nickte ich.

Doch seine Stimmung wechselte so rasch wie immer. »Sie müssen zurück zu meiner Mutter«, sagte er und lehnte sich an die Haustür. Mir blieb nichts anderes übrig, als hineinzugehen.

Kaum hatte ich die Tür zu Mrs. Tancreds Zimmer geöffnet, als sie mich anfuhr: »Wo bleiben Sie denn? Ich warte ja schon ewig auf Sie. War John unten? Hat mein Sohn den Damen adieu gesagt?«

»Ja, Madam.« Mir war nicht klar gewesen, daß Johns Erscheinen zu ihrem Plan gehörte. Ihre Miene wurde freundlicher.

»Sehr gut.« Dann erschien Zweifel in ihren Zügen, und sie

fragte: »Aber war er auch höflich? Hat er sich anständig benommen, Miß Wakeford?«

»Ja, Madam, er war höflich.« Ich konnte ihr doch nicht sagen, daß sogar seine Höflichkeit noch eine Beleidigung war. Sie schien aber meiner Stimme etwas anzumerken, denn sie sah mich durchbohrend an. Dann senkte sie den Blick und sagte in einem Ton, der fast um Entschuldigung zu bitten schien: »Sie halten mich für eine verschrobene alte Frau, nicht wahr?«

»Aber nein, Madam.«

»Sie finden es nicht richtig, daß ich meinen Sohn unbedingt mit Grace Thorburns Tochter verheiraten will.«

»Das geht mich doch . . .«, begann ich, aber sie schnitt mir das Wort ab.

»Sie kennen meinen Sohn jetzt, und Sie kennen auch das Haus.« Einen Moment hielt sie inne, dann setzte sie hart hinzu: »Wir werden nicht viele Frauen finden, die mit einem griesgrämigen Ehemann und einem verkommenen alten Haus zufrieden wären.«

So offen hatte sie noch nie mit mir gesprochen. Sonst hatte sie immer vorgegeben, daß Tancred ein prächtiger Herrensitz sei.

»Vielleicht überrascht Sie Grace Thorburns Einverständnis damit, daß ihre Tochter meinen Sohn heiratet?«

Als ich schwieg, fuhr Mrs. Tancred fort: »Seien wir doch ehrlich, Miß Wakeford. Eine Heirat mit meinem Sohn ist keine begehrenswerte Verbindung. Und das Haus in seinem jetzigen Zustand ist alles andere als eine Freude. Aber warten Sie nur, bis Sie gesehen haben, was man aus dem Gebäude machen kann, wenn man es in Ordnung bringt.« Sie beugte sich zu mir. »Können Sie es sich nicht auch vorstellen, wie herrlich Tancred sein wird, wenn wir dem Haus nur die Treue halten und tun, was in unseren Kräften steht, um ihm neues Leben zu schenken?«

Mir lief der kalte Schauer über den Rücken, den ich nun schon so oft in Tancred empfunden hatte.

»Wenn Grace und Mildred das Haus in neuem Glanz und festlicher Pracht sehen«, fuhr Mrs. Tancred fort, »werden sie ihr Herz daran verlieren. Dann wird es Mildreds sehnlichster Wunsch sein, Herrin auf Tancred zu werden.«

»Aber vielleicht möchte Ihr Sohn Mrs. Thorburns Tochter nicht heiraten.«

»Es wird ihm nichts anderes übrigbleiben«, erwiderte sie energisch. »Natürlich ist Mildred nicht die ideale Frau für ihn. Als besonders hübsch kann man sie wirklich nicht bezeichnen, und außerdem hat sie schon zwei Kinder. Sie ist bereits über dreißig, und ihr Mann ist gestorben, weil er Alkoholiker war. Aber gerade wegen dieser Enttäuschungen wird sie meinen Sohn zu schätzen wissen. Es wird ihr klar sein, daß sie so leicht keinen neuen Mann findet. Sie wird sich, ebenso wie mein Sohn, mit dem abfinden müssen, was sie bekommen kann.«

Mrs. Tancred hatte meine Frage nicht beantwortet, und ich stellte sie noch einmal. »Aber was dann, wenn Ihr Sohn nicht tut, was Sie wünschen? Er ist volljährig, und ich habe den Eindruck, Madam, daß er stets so lebt, wie es ihm paßt.«

Ihr hagerer Kopf, emporgereckt wie der Schädel einer großen Eidechse, wandte sich zu mir um. »Er weiß, was er der Familientradition schuldig ist«, stieß sie hervor. »Er wird tun, was seine Pflicht ist.«

Zum erstenmal kam mir der Gedanke, daß Mrs. Tancred durch ihren eisernen Willen möglicherweise alles durchsetzen konnte, was sie sich in den Kopf setzte.

»Was soll denn dann aus Esmee werden, Madam?«

»Ja, über Esmee wolte ich mit Ihnen sprechen. Sie müssen dafür sorgen, Miß Wakeford, daß Esmee im Bett ist, ehe der Ball beginnt. Und wenn Mrs. Thorburn und ihre Tochter danach zu Besuch kommen, was dann immer häufiger der Fall sein wird, müssen Sie dafür sorgen, daß sie Esmee nicht zu Gesicht bekommen.«

»Und später?«

Nach kurzem Schweigen sagte sie: »Wenn mein Sohn verheiratet ist, kann Esmee entweder weggeschickt werden oder sie kann in den Ostflügel umziehen, wo Sie sich dann ausschließlich um sie kümmern werden.«

Mir wurde ganz elend bei ihren Worten. Sogar meine Großmutter, die wahrhaftig keine große Zuneigung für mich empfand, wäre nicht auf den Gedanken gekommen, mich einzusperren, um sich Peinlichkeiten zu ersparen.

Ich versuchte mich damit zu trösten, daß es nicht soweit kommen würde, weil John Tancred niemals wieder heiraten werde. Doch das Schreckgespenst eines Lebens, das ich mit Esmee Tancred zusammen eingesperrt im Ostflügel von Tancred verbrachte, während ich bei der Betreuung eines schwachsinnigen Kindes alt und grau wurde, ließ sich nicht so leicht aus meinem Geist vertreiben. Und das alles, während im anderen Flügel des Hauses in einer erzwungenen Ehe mit einer ungeliebten Frau der Mann lebte, den ich liebte.

»So, Miß Wakeford, und nun lassen Sie uns noch einmal die Liste der Möbelstücke durchsehen, die in den Ahnensaal gebracht werden müssen.«

Ich nahm den Bleistift und konzentrierte mich auf Mrs. Tancreds Anweisungen.

Zwei Tage vor dem Ball erschienen die engagierten Dienstboten, und nun wurde unter Hochdruck gearbeitet. Der Fußboden im Saal wurde gebohnert, die Porträts wurden abgestaubt, Tische und Sessel zu gemütlichen Ecken an den Wänden gruppiert. An beiden Seiten des Saales wurden kleine Salons eingerichtet. Die Küchenhilfen begannen mit den Vorbereitungen für das Essen.

Um vier Uhr nachmittags am Tag des Balles trafen die Musiker ein. Ich befand mich bereits mit wachsender Besorgnis auf der Suche nach Esmee. Sie war nirgends in den Hügeln zu entdecken und auch nicht bei den Drudensteinen. Mary hatte sie nicht gesehen, auch Matt nicht oder John Tancred.

Die Gäste waren für neun Uhr abends geladen, und um sieben suchte ich immer noch nach Esmee. Was sollte ich tun, wenn ich sie nicht fand? Schließlich kehrte ich in mein Zimmer zurück. Dort saß sie mit gekreuzten Beinen auf meinem Bett, den Blick erwartungsvoll auf die Tür geheftet.

»Sie suchen mich, nicht wahr, Miß Wakeford?«

Ich war so erleichtert, daß ich nicht einmal daran dachte, sie zu schelten. Eilig trat ich zu ihr und zog sie am Arm von meinem Bett. Sie hatte mit den schmutzigen Schuhen auf der Decke gesessen.

»Es ist höchste Zeit, daß du schlafen gehst, Esmee.«

Sie lachte entzückt in sich hinein. »Sie haben mich gesucht«, sagte sie. »*Grand-mère* hat schreckliche Angst davor, daß ich auftauche und mit den Gästen rede. Haben Sie schon gemerkt, Miß Wakeford, daß Großmutter Angst vor mir hat?«

»Unsinn«, sagte ich und ging mit ihr in ihr Zimmer hinüber. Ich knöpfte ihr Kleid auf. »Zieh dich jetzt aus, und dann werde ich aufpassen, daß du dich auch anständig wäschst, ehe du ins Bett gehst.«

Ich wartete bei ihr, bis sie fertig war und ihr Nachtgebet gesprochen hatte.

»Eine Weile bleibe ich noch bei dir«, sagte ich.

Um ganz sicher zu sein, daß sie nichts anstellen konnte, wollte ich warten, bis sie eingeschlafen war. Ich nahm ein Buch und begann zu lesen.

Vor dem Haus knirschte der Kies unter den Rädern der Kutschen, die jetzt einzutreffen begannen. Der Saal war so weit entfernt, daß die Geräusche von dort nicht bis zu mir drangen, doch gelegentlich wehten ein paar Klänge der Musik durch die stillen Gänge und verkündeten, daß der Tanz bald beginnen würde.

Ich blieb bis Mitternacht bei Esmee. Als ich sicher sein konnte, daß sie fest schlief — ihr magerer Körper war völlig entspannt, ihr Atem ging langsam und leise —, verließ ich ihr Zimmer und ging in meines hinüber.

Ich hatte Briefe zu schreiben und Bücher zu lesen, und ich versuchte, mich damit abzulenken. Gegen ein Uhr morgens hörte ich auf mir vorzumachen, daß ich mich für die Vorgänge im Ballsaal nicht interessierte. Ich öffnete behutsam die Tür und ging leise die Gänge entlang dem Geräusch der Musik entgegen. Eine Tür von einem der oberen Stockwerke führte direkt auf den Balkon über dem Saal. Ich öffnete sie und trat auf die dunkle, verlassene Empore. Dabei achtete ich darauf, mich im Hintergrund zu halten, so daß man mich von unten nicht sehen konnte.

Von den rund achtzig Personen, die sich im Saal befanden, waren höchstens zehn weniger als fünfzig Jahre alt. Die meisten waren wesentlich älter. Eine Greisin fiel mir auf, die so ein verwüstetes Gesicht hatte, daß sie mindestens neunzig sein mußte. Sie trug eine Perücke aus roten Locken über einem dichten Gewirr von Falten, auf das ein Gesicht aufgemalt war. Die Kostüme — denn Ballkleider konnte man sie wirklich nicht nennen — schienen aus alten Truhen und Schränken hervorgeholt worden zu sein, wo sie schon seit Jahrzehnten vor sich hingemodert hatten. Sie gehörten einer längst vergangenen Mode an und waren fast alle viel zu jugendlich für die alten Frauen, die sie trugen.

Es befanden sich nur wenig Männer unter den Anwesenden —

alte Männer sterben eher als alte Frauen —, aber diese wenigen sahen ebenso zerstört und verfallen aus wie ihre Partnerinnen. Ihre Fräcke wirkten nicht so unmodern, doch sie hingen über gebeugte Schultern und krumme Beine. Gelbe Gesichter kicherten bösartig über Sherry- und Punsch-Gläsern. Verkrümmte, gichtige Finger führten Zigarren zu verkniffenen Lippen. Einige krumme, verschrumpelte Paare tanzten ungelenk zu der Musik, die vom Ende des Saales her erklang.

Ich hätte mir wegen des Zustandes des Hauses keine Sorgen zu machen brauchen. Haus und Gäste paßten zueinander. Die schäbigen Möbelstücke unterschiedlicher Stile, die zerfallende Holztäfelung und die Risse in den Wänden bildeten einen passenden Hintergrund für die menschlichen Zerrbilder, die sich vor dieser Kulisse bewegten.

Mrs. Thorburn, Mildred und Miß Timkins fielen unter den Gästen auf, weil sie nicht so alt und gebrechlich waren, daß man befürchten mußte, sie würden im nächsten Augenblick tot umfallen.

In der Mitte des Saales saß, wie eine furchteinflößende Königin beim Hexensabbat, Mrs. Tancred. Sie war die schönste Frau im Saal, schön auf eine schreckliche Art. Bekleidet war sie mit einem Kleid in bräutlichem Weiß mit hohem Kragen und langen Ärmeln. Nur eine so ausgefallene Erscheinung wie Mrs. Tancred konnte es wagen, ein solches Kleid zu tragen, und auch nur ihr konnte es gelingen, darin nicht lächerlich zu wirken. Ihre Hände lagen auf einem schwarzsilbernen Schal, der den Rollstuhl zum Teil verdeckte, und die Verbindung von Schwarz, Weiß und Silber zusammen mit ihrer königlichen Haltung bewirkte, daß ich nicht erstaunt gewesen wäre, wenn sie sich plötzlich aus dem Stuhl erhoben hätte und durch den Saal geschritten wäre.

Es war eine warme Nacht, aber es zog durch die Risse in den Mauern, und die Tischdecken bewegten sich im Lufthauch. Die Lampen, die auffallend neu an den alten Wänden wirkten, erleuchteten die Reihen der Ahnenbilder und verliehen ihnen ein eigenes Leben. Zwischen den Bildern und den Gästen war kein großer Unterschied, und es hätte mich nicht überrascht, wenn einer der Ahnen plötzlich aus dem Rahmen getreten wäre, um eine der alten Frauen im Saal zum Tanz aufzufordern.

Mit wachsender Besorgnis wanderte mein Blick zwischen den Menschen umher. Jetzt gestand ich mir ein, daß ich nur gekommen war, um zu sehen, was John Tancred tat. Er war nicht da. Zwischen den seltsamen Gästen, die hier versammelt waren, wäre er mir sofort aufgefallen.

Dann wandte Mrs. Tancred den Kopf und nickte in meine Richtung. Zunächst erschrak ich, weil ich fürchtete, daß sie mich gesehen hatte, aber dann kam eine Gestalt unter dem Balkon hervor, auf dem ich stand. John Tancred trat zu seiner Mutter.

Er sah großartig aus. Ich hatte versucht, ihn mir im Frack vorzustellen, doch die Wirklichkeit übertraf meine Fantasie bei weitem. Sein Anblick schnürte mir die Kehle zu. Er schien noch größer und schlanker als sonst zu sein, und das weiße Hemd ließ seinen dunklen Teint stärker hervortreten. Er sah so gut aus, daß mir das Herz weh tat bei seinem Anblick, und das kam nicht nur davon, daß er der jüngste der Männer im Saal war. Ich beobachtete ihn lange, und dabei merkte ich, daß mir seine Narbe nicht mehr auffiel. Sie war mir inzwischen vertraut geworden, und wenn ich ihn anblickte, sah ich nur einen unglaublich attraktiven Mann vor mir.

Er trat langsam zu seiner Mutter, und ich bemerkte, wie die alten Frauen und Männer ihn verstohlen ansahen und dann den Blick rasch abwandten. Ich war schon nahe daran gewesen, Mitleid mit Mrs. Tancred zu haben — Mitleid wegen des makabren Karnevals, der sich in ihrem Haus abspielte —, doch als ich John durch die Blicke seiner Gäste Spießruten laufen sah, galt mein Mitleid nur noch ihm.

Mrs. Tancred zog ihn näher heran und schob ihn in Mildreds Nähe, während sie sich bemühte, eine fröhliche Unterhaltung in Gang zu bringen. Er lächelte auf dieselbe unangenehme Weise wie damals, als er die Damen neben ihrer Kutsche erwartet hatte.

Das Schrecknis des Bildes unter mir berührte mich erneut: Die alten Männer und Frauen waren aus ihren Gräbern gestiegen, um die Vermählung eines entstellten Mannes mit einer charmlosen Frau mitzuerleben, und die Zeremonie wurde von einer fanatischen Greisin im bräutlich weißen Kleid überwacht.

Ich wandte mich ab. Der Anblick des Saales und die Musik erfüllten mich mit Abscheu. Als ich die Hand nach der Türklinke ausstreckte, um den Balkon zu verlassen, hatte ich plötzlich eine böse Vorahnung. Es schien auf einmal Unheil in der Luft zu liegen, als die Greisin mit der Lockenperücke zu laut und nervös über etwas lachte, das nicht komisch war.

Die Musik spielte weiter, aber die Musiker waren, ohne daß sie es wollten, der düsteren Atmosphäre des Hauses erlegen. Die Melodien, die schnell und heiter gespielt werden sollten, klangen langsam und schwerfällig, so daß Walzer und Polka zu Trauermärschen wurden.

Eine alte Frau in einem grünen Samtkleid war die erste, die bemerkte, daß etwas nicht in Ordnung war. Sie hatte gerade ihr Glas an die Lippen heben wollen, doch dann erstarrte sie mitten in der Bewegung. Ihr Mund, schon zum Trinken gespitzt, blieb in dieser Stellung, während sie mit törichter Miene wie gebannt ans andere Ende des Saales blickte. Eine andere Greisin bemerkte es zur selben Zeit. Sie brach mitten im Satz ab, und ohne den Blick von dem zu wenden, was sie dort fesselte, machte sie ihre Gesprächspartnerin darauf aufmerksam. Die Musik setzte nach einigen falschen Klängen aus. In dem tödlichen Schweigen, das folgte, vernahm ich einen so leisen, so zarten Laut, daß ich zuerst glaubte, es handele sich um das Summen eines Insektes.

Barfuß mit aufgelöstem schwarzen Haar stand Esmee Tancred an der Tür zum Saal.

Vorsichtig ging sie auf Zehenspitzen zwischen den Gästen hindurch. Sie hielt die Arme gespreizt. In einem merkwürdigen Rhythmus schritt sie halb tanzend durch den Saal, bis sie Richard Tancreds Bild erreicht hatte. Ihr Murmeln wurde zu einem leisen Singen. Dem Bild zugewandt blieb sie stehen und ließ die Arme sinken. Der ganze Saal hielt den Atem an. Jeder spürte das Unheimliche, das von der kleinen zarten Gestalt des Kindes ausging.

Wie gelähmt stand ich da und wagte nicht zu atmen, als könne ein Geräusch von mir irgendeine gewaltsame Reaktion bei dem Kind auslösen, das dort unten vor dem Bild seines Großvaters stand. Ich wagte Mrs. Tancred nicht anzusehen.

Irgendwann raschelte irgendwo ein Rock, aber das Rauschen der Seide und das Singen des Kindes waren die einzigen Geräusche, die im Saal zu hören waren.

Jetzt begann Esmee zu lachen. Erst leise, ohne sich zu rühren, dann wurde das Geräusch lauter, etwas schriller, und dann drückte sie die Arme an die schmale Brust und wiegte den Oberkörper vor und zurück. Als der erste Laut in ihrem Lachen erklang, der einem Schrei ähnlich war, konnte ich mich plötzlich wieder bewegen. Ich riß die Tür auf, stürzte die Treppe hinunter und rannte in den Saal. Als ich Richards Bild erreicht hatte, schrie Esmee schon wie wild. Sie stieß gellende Schreie der Angst und des Wahnsinns aus.

Als ich ihre Arme ergriff, riß sie sich von mir los und rannte davon. Ich rief sie, aber sie lachte nur grell auf und rannte zwischen Tischen und Sesseln umher, um mir zu entfliehen.

Es war wie in einem Alptraum. Manchmal ließ sie mich nahe an sich herankommen, aber ehe ich sie noch fassen konnte, war sie weitergehuscht. Ich hörte John Tancreds Stimme, der sie rief, doch sie beachtete auch ihn nicht. Als sie das nächste Mal wieder vor mir davonrannte, war er mit wenigen Schritten bei ihr und ergriff ihren Arm.

Die alten Männer und Frauen sahen uns schweigend nach, als wir aus dem Saal eilten. John Tancred hatte das Kind auf dem Arm, und ich folgte in dem bedrückenden Bewußtsein, daß ich an diesem Vorfall schuld war. Ich hätte Esmee nicht aus den Augen lassen sollen, hätte nicht einmal mein Zimmer aufsuchen dürfen. Ich mußte doch wissen, daß es ihr Freude machte, eine Szene wie die eben erlebte zu veranstalten.

Unser Weg durch den Saal schien kein Ende nehmen zu wollen. Es war nicht länger still im Raum, sondern Gemurmel und Geflüster brandete um uns auf. Ich sah weder rechts noch links, sondern hielt den Blick auf John Tancreds Schultern geheftet.

Als wir den Saal verlassen hatten, blieb John Tancred nicht stehen, sondern ging weiter, bis wir Esmees Zimmer erreicht hatten. Er stieß die Tür heftig mit dem Fuß auf, eilte hinein und ließ Esmee aufs Bett fallen. Dann wandte er sich zu mir um. Sein Blick war so zornig, daß ich instinktiv zurückwich.

»Warum sind Sie nicht bei ihr geblieben«, fuhr er mich an. »Sind Sie denn verrückt geworden?«

»Sie hat geschlafen. Ich dachte . . .«

»Inzwischen hätten Sie doch wissen müssen, daß man Esmee nicht trauen kann. Sind Sie nicht einmal imstande, ein zwölfjähriges Kind zu bewachen?«

Das war ungerecht. Neulich erst hatte er gesagt, ich solle mich nicht um sie kümmern, und jetzt verlangte er das Gegenteil.

»Es tut mir leid«, sagte ich. »Sie haben recht, ich hätte bei ihr bleiben sollen. Aber ich habe nicht geglaubt, daß sie so etwas anstellen würde.«

Er ging heftig durch den Raum und gab einem Korbstuhl, der ihm im Weg stand, einen heftigen Tritt.

»Sie denken zuviel«, fuhr er mich an. »Sie kommen her und glauben, daß freundliche Worte und gute Taten alles in Ordnung bringen. Und dabei können Sie nicht einmal mit meiner Tochter fertig werden.«

Plötzlich war es mit meiner Selbstbeherrschung vorbei. »Das kann ich allerdings nicht«, schrie ich zurück. »Ich kann mit Esmee nicht fertig werden, weil es bisher noch niemand vor mir versucht hat. Man hat sie einfach wild aufwachsen lassen, zwölf Jahre lang. Sie haben sich auch nicht um sie gekümmert, und ich soll nun alles in ein paar Monaten in Ordnung bringen.« Ich hielt inne, weil ich Atem holen mußte, und erschrak vor meinem eigenen Mut. Trotzdem war ich wütend genug hinzuzusetzen: »Und dann haben Sie auch noch die Dreistigkeit, mich für Ihre Fehler verantwortlich zu machen.«

Zuerst dachte ich, er würde mich schlagen. Er rannte auf mich zu und baute sich dicht vor mir auf.

»Was hätte ich denn tun sollen?« fragte er. »Bitte sagen Sie mir doch, Miß Wakeford, was ich hätte tun sollen.«

»Sie hätten ihr wenigstens beibringen können, Vater und Großmutter zu ehren und vor Dingen und Menschen Achtung zu haben.«

Meine Knie zitterten, aber ich wußte nicht, ob es vor Furcht oder Zorn war. »Als ich herkam, hat Ihre Tochter nicht einmal ein Gebet gekannt.«

»Und Sie bilden sich ein, mit Gebeten käme man weiter im Leben? Sie glauben an all den Unsinn wie ›Du sollst Vater und Mutter ehren‹ und ›Du sollst nicht töten‹, was?«

»Ja!« erwiderte ich heftig. »Ja, daran glaube ich.«

»Soll man auch einen Vater ehren, der einem das angetan hat, Miß Wakeford?« schrie er. »Würden Sie auch einen Vater ehren, der seinem eigenen Sohn das angetan hat?« Er legte die Hand an die Narbe und drehte den Kopf so, daß sie sich direkt vor meinen Augen befand.

Ich senkte die Lider. Er packte meine Schultern und schüttelte mich heftig.

»Warum machen Sie denn die Augen zu? Können Sie nicht

ertragen, das zu sehen, was mein lieber Vater seinem Sohn angetan hat, seinem achtzehnjährigen Sohn? Ja, achtzehn war ich damals, genau so alt wie Sie jetzt sind. Machen Sie die Augen auf, Miß Wakeford! Sehen Sie mich an, ich befehle es Ihnen!«

Ich schlug die Augen auf, aber sein Gesicht war durch einen Tränenschleier verwischt, der meinen Blick trübte.

»Hören Sie zu, Miß Wakeford«, befahl er heftig. »Als ich achtzehn war, haßte ich ihn. Mit achtzehn war ich alt genug dazu, ich war alt genug zu erkennen, was er meiner Mutter antat und Mary und jedem Menschen, der dieses Haus betrat. Hören Sie mir zu, Miß Wakeford?«

»Ja, ja, ich höre«, schluchzte ich.

»Als ich ihm sagte, daß er brutal und böse sei, nahm er eine Lampe und warf sie mir an den Kopf. Es war eine brennende Petroleumlampe, und als mein Vater sie mir an den Kopf warf, wußte er, was das für Folgen für mich haben würde.«

Er ließ mich los und trat einen Schritt zurück. Ich wandte mich um, lehnte mich an die Wand und ließ meinen Tränen freien Lauf. Ich weinte nicht nur um ihn. Ich weinte um mich und um meine Mutter, um Großvater, um Esmee und um die alte Frau im Rollstuhl. Ich weinte, bis ich völlig ausgebrannt war. Dann überkam mich ein seltsames Gefühl des Friedens. Nichts war im Raum zu hören außer dem geduldigen Ticken der kleinen Uhr, die auf Esmees Kommode stand. Schließlich wandte ich mich um. John Tancred sah mich an, erschreckt und ungläubig. Der Zorn war aus seinem Blick geschwunden, und er hatte das hilflose Gesicht eines Menschen, der in etwas hineingezogen worden ist, das er nicht verstand.

»Miriam?« sagte er fragend.

Ich rückte meine Haube zurecht. Er runzelte die Stirn und berührte zögernd meine Hand.

»Ich wollte nicht . . .«, sagte er.

»Das macht doch nichts«, sagte ich rasch.

»Es war nicht nett von mir. Das hätte ich nicht sagen dürfen. Ich weiß, Sie tun für Esmee, was Sie können. Was geschehen ist, war nicht Ihre Schuld.«

Es lag Beschämung in seiner Stimme, und das bekümmerte mich. Ich liebte ihn so sehr, daß seine Verwirrung und sein Kummer mir wehtaten.

»Machen Sie sich keine Sorgen. Ich bin schuld an diesem Zwischenfall, der das ganze Fest verdorben hat.«

Er zuckte verächtlich die Achseln und ließ einen abfälligen Laut hören. »Es ist mir völlig gleichgültig, was diese schreckliche Versammlung da unten denkt.«

»Aber warum . . .«

»Für meine Mutter ist dieser Ball ein Wiedersehen mit ihrer Jugend. Ihre Gäste sind Freunde von früher. Es tut mir nur für meine Mutter leid, daß die Szene mit Esmee ihr Vergnügen gestört hat.«

Ich konnte mir nicht vorstellen, daß er den wahren Grund für das Fest nicht wußte. Er schien meine Gedanken erraten zu haben, denn er lächelte bitter und fügte hinzu: »Ich weiß nicht, wie weit ich gehen würde, um meiner Mutter einen Gefallen zu tun, aber mich gegen den Ball zu wehren, fand ich nicht angebracht.«

»Und Mrs. Thorburn und Mildred?«

Das Lächeln schwand. »Halten Sie mich für einen Trottel, Miß Wakeford? Natürlich habe ich begriffen, was meine Mutter vorhat.«

Ich schwieg. Dann hörte ich ein leises Lachen vom Bett her. Bestürzt wurde mir klar, daß Esmee der ganzen Szene beigewohnt hatte.

»Es ist besser, wenn Sie jetzt gehen«, sagte ich hastig zu John Tancred. »Ich fürchte, Ihre Mutter wird mich sprechen wollen.«

Er öffnete die Tür. »Das hat jetzt auch keinen Sinn mehr.«

Dann ging er hinaus, und ich wandte mich Esmee zu. Sie war glücklich über das, was sie angerichtet hatte. Obwohl John Tancred gesagt hatte, daß sie schwachsinnig sei, wußte ich, daß es nicht so war. Sie war viel zu schlau, um schwachsinnig zu sein, und viel raffinierter als solche armen, geistig zurückgebliebenen Menschenkinder normalerweise sind.

»Sie haben Angst gehabt, nicht wahr?« sagte sie triumphierend. »*Grand-mère* auch. Sie hat Angst gehabt, daß ich was über Großvater sage.« Esmee lachte leise.

Ich trat zu ihr und deckte sie zu. »Aber ich dachte, du hättest Angst vor deinem Großvater.«

Sie schüttelte den Kopf. »Nein, jetzt nicht mehr, Miß Wakeford. Ich habe ja gesehen, wie sie ihn auf dem alten Friedhof begraben haben. Und dann haben Sie mich den Zauberspruch gelehrt. Jetzt fürchte ich mich vor niemandem mehr.« Ihr Kopf senkte sich in die Kissen.

Als ich hinausging, sang sie leise vor sich hin.

Im Saal hatte der Ball ein jähes Ende gefunden. Die Umhänge und Mäntel wurden von den Gästen in Empfang genommen, und die Kutschen fuhren vor. Mrs. Tancred war nirgends zu sehen. Gesprächsfetzen drangen zu mir herüber. »Wie der Großvater . . .« — »Erinnerst du dich noch, als er damals . . .« — »Ein wüster Verschwender . . .« — »Und der seltsame Sohn . . .« — »Furchtbar, diese Narbe . . .«

Mrs. Thorburn, Mildred und Miß Timkins waren schon in ihre Umhänge gehüllt und saßen steif auf harten Stühlen, um auf ihre Kutsche zu warten. Miß Timkins hatte geweint und sah dadurch noch verwachsener aus als sonst. Jetzt trat einer der Diener zu Mrs. Thorburn und meldete ihr, daß der Wagen vorgefahren war. Die Damen erhoben sich rasch und gingen zur Haustür. Dabei kamen sie an mir vorbei.

Als sie mich bemerkte, trat Mrs. Thorburn nach kurzem Zögern zu mir. »Sie tun mir wirklich leid«, sagte sie. »Jetzt wird mir erst klar, wie schwer Sie es haben, in diesem Haus . . .« Und nach kurzer Pause fügte sie hinzu: »Und bei dieser Familie.«

Mildred, die ein fliederfarbenes Abendkleid unter einem grauen Umhang trug, versuchte ihre Mutter zur Tür zu ziehen, doch Mrs. Thorburn war entschlossen, ihrem Herzen Luft zu machen.

»Ich war bereit, über manches hinwegzusehen, Miß Wakeford; über den traurigen Zustand des Hauses und das mangelnde Ansehen, das die Familie genießt, auch über das Mißgeschick, das den armen John betroffen hat. Aber was zuviel ist, ist zuviel, und ich kann Ihnen nur raten, sich möglichst bald nach einer anderen Stellung umzusehen, ehe Sie auch so werden, wie die anderen hier.«

»Bitte komm doch jetzt!« sagte Mildred nervös und zog ihre Mutter am Ärmel. Nur widerwillig ließ sich Mrs. Thorburn von ihr zur Tür geleiten.

Langsam verliefen sich auch die anderen Gäste. Zitternde Stimmen verloren sich in den Kutschen, ein vereinzeltes Kichern erklang in der Halle, dann eilte auch der letzte Greis mit krummen Beinen die Stufen vor der Haustür hinab. Das Personal und ich begannen Ordnung zu machen.

Die Diener und Mägde, die zwei Tage zuvor gekommen waren, sahen mich mit unverhohlener Frechheit an. Sie hatten ihre Bezahlung schon bekommen und machten aus ihrer Verachtung für einen so ärmlichen Haushalt kein Hehl. Es war ihnen nicht entgangen, daß der Ball mißlungen war, und mit der Dreistigkeit aller Dienstboten, die entdecken, daß ihre Herren nicht besser sind als sie, taten sie sich in ihrem Benehmen keinen Zwang mehr an. Sobald Gläser, Besteck und alles andere, was sie mitgebracht hatten, in den Körben verstaut war, luden sie die Sachen eilig in den Pferdewagen, mit dem sie gekommen waren, und verschwanden mit ihm den Hügel hinab.

Ich wartete an der Haustür, bis sie nicht mehr zu sehen waren, dann ging ich noch einmal in den Ballsaal. Mary kam ebenfalls gerade herein.

»Ich habe die Gnädige ins Bett gebracht«, sagte sie nervös. »Sie hat gesagt, wir sollen alles wieder so herrichten, wie es vorher war.«

Ich sah Mary verständnislos an, dann begriff ich erst, was das bedeutete. »Aber das Personal ist doch schon weg.«

Mary nickte bedrückt. »Ich hab's ihr gesagt, aber sie hat geantwortet, das ist ihr gleich. Es soll alles wieder so sein, wie es vorher war.«

»Wird Matt uns helfen?«

»Er ist nicht da«, erwiderte sie. »Mr. John auch nicht. Sie sind beide ausgeritten.«

Dieser männliche Egoismus ärgerte mich. Mary und ich sahen uns mutlos an. Dann zuckte ich die Achseln und ergriff einen Stuhl.

Nachdem wir das letzte Möbelstück hinaufgebracht hatten, kamen wir zurück in den Saal. Wir waren völlig erschöpft.

»Was machen wir mit den Lampen?« fragte Mary.

Jetzt, da der Saal wieder kahl war, wirkten die neuen Lampen noch viel unpassender an den alten Wänden als zuvor.

»Die lassen wir hängen«, entschied ich.

Wir gingen durch den Saal und schalteten eine nach der anderen ab, bis der ganze Raum nach schwelenden Dochten und Petroleum roch.

Wir schlossen die Tür zum Saal und schlichen erschöpft die Gänge entlang. Als wir in die Küche kamen, sank Mary gegen die Wand und erklärte: »Ich gehe jetzt schlafen.«

»Mary, hat Mrs. Tancred etwas über mich gesagt?«

»Nein«, erwiderte Mary ausdruckslos.

»Wollte sie mich nicht sprechen?« fragte ich beklommen.

»Sie hat gesagt, wir sollen sie in Ruhe lassen.«

Ich wandte mich zum Gehen. »Gute Nacht, Mary.«

Mit schleppenden Schritten ging ich in mein Zimmer. Ich war völlig erschöpft, aber ich legte mich nicht ins Bett, sondern nahm meinen Umhang um und ging leise durch die Gänge zur Haustür. Tancred lag still und verlassen da. Nichts rührte sich. Dennoch schien mir diese Stille wie die Ruhe vor dem Sturm. Die furchtbare Nacht war noch nicht zu Ende, und eine bedrückende Warnung schien in der Luft zu liegen. Ich verließ das Haus und eilte den Hügel hinab auf der Straße nach Loxham davon.

Ich konnte jetzt nicht zu Bett gehen. Erst mußte ich noch etwas feststellen. Esmees Worte hatten in die Mauer des Schweigens, die das Haus umgab, eine Bresche geschlagen.

9

Manchmal sind wir einer Sache — oder einer Person — so nahe, daß wir, obwohl wir sie ständig vor uns sehen, sie nicht erkennen.

Jedesmal, wenn ich ins Dorf kam, hatte ich die kleine Kirche und den Friedhof daneben bemerkt, doch erst, als Esmee vom Begräbnis ihres Großvaters gesprochen hatte, wurde mir seine Bedeutung klar.

Die Kirche und der Friedhof, die sich in Loxham befanden, waren nicht sehr alt, und der Kirchhof war sauber und ordentlich. Ich hatte instinktiv angenommen, daß die toten Tancreds nicht hier ihre letzte Ruhestätte gefunden hatten. Doch über dem Dorf, auf dem nächsten Hügel, befand sich die alte Kirche, eine Ruine aus bemoosten Steinen, und rund umher lagen alte Gräber. Hier waren vermutlich die Ahnen der Tancreds zu finden.

Ich überquerte die Dorfstraße und schlug den schmalen Pfad ein, der in die Hügel führte.

Inzwischen war die Morgendämmerung heraufgezogen. Graues Licht lag über den Hügeln, und der Wind hatte etwas nachgelassen.

Von Loxham aus schien die verfallene Kirche ganz nah zu sein, doch während ich darauf zuging, schien sie vor mir zurückzuweichen. Ich brauchte fast eine Stunde, ehe ich das Gewirr der alten Steine erreichte. Eine halbverfallene, aber noch deutlich erkennbare niedrige Mauer faßte den Friedhof ein. Mitten zwischen den Grabsteinen stand das Skelett der alten Kirche; klein und niedrig, ohne Tür und Dach.

Ein paar Minuten ruhte ich mich auf der Mauer sitzend aus. Ich machte mir noch keine Gedanken über das, was es hier für mich zu entdecken gab. Ich war überzeugt davon, daß ich jetzt gleich erfahren würde, welcher Art die Tragödie war, unter deren Schatten ich in den verflossenen Monaten gelebt hatte. Ich erhob mich und ging auf den ersten Grabstein zu.

Einige der Steine waren so alt, daß sie schon halb in der Erde versunken waren. Der Name Tancred war immer wieder zu lesen. Er befand sich auf den meisten Grabsteinen. Auch eine Familie namens Perrepont schien lange hier gelebt zu haben, doch vor fünfzig Jahren war sie anscheinend ausgestorben. Spätere Gräber trugen ihren Namen nicht mehr.

Ich wanderte langsam von Stein zu Stein und fühlte mich in die düstere Vergangenheit der Tancreds versetzt. *Elizabeth Tancred, 3 Jahre alt, verschied nach kurzer Krankheit. Februar 1812.*

Etwas weiter entfernt lagen ihre Geschwister, ein Bruder und zwei Schwestern: Simon, 8 Jahre, Mary und Catherine, die eine vier Jahre alt, die andere sechs Monate. Sie waren ebenfalls im Februar 1812 gestorben. Welche schreckliche Seuche mochte der armen Mutter auf Tancred mit einem Schlag vier ihrer Kinder entrissen haben?

Ein Grabstein war so alt, daß die Schrift darauf schon bemoost war. Ich wußte, daß es sich nicht um das Grab von Richard Tancred handeln konnte, dennoch nahm ich einen Stein und kratzte mit ihm das Moos ab, um die Schrift lesen zu können. Doch auch dann waren nur die Lettern *T ... r ...* und das Wappen zu erkennen.

Die meisten Gräber waren die von Kindern und Frauen. Anscheinend hatten die Männer der Tancreds meistens im Krieg oder auf hoher See ihr Ende gefunden.

Ich hatte jetzt die Seitenwand der Kirchenruine hinter mir gelassen und fragte mich, wo Richard Tancred wohl begraben sein mochte, als ich etwas oberhalb von mir einen Grabstein sah, der noch hell und neu wirkte. Mit klopfendem Herzen ging ich darauf zu und las die Inschrift:

Richard Tancred
Herr auf Tancred
verstorben am 8. Oktober 1892.

Sonst ging nichts daraus hervor, außer, daß Richard Tancred vor sechs Jahren gestorben war. Es stand kein Sinnspruch auf dem Stein, kein näherer Hinweis, wodurch er den Tod gefunden hatte.

Ich setzte meine Suche fort, denn es mußte ja noch ein anderes Grab neueren Ursprungs geben; das von Esmees Mutter.

Ich ging von Grab zu Grab und las jede Inschrift. Nach einer Stunde war ich wieder an meinem Ausgangspunkt angekommen. Ich machte mich von neuem auf die Suche, um sicher zu sein, daß ich den Grabstein von Esmees Mutter nicht übersehen hatte, aber ich fand ihn nicht.

Es war inzwischen Tag geworden. Ein trüber, grauer Tag war angebrochen. Feuchtigkeit lag in der Luft. Irgendwo mußte doch Esmees Mutter, Johns Frau, ihre letzte Ruhestätte gefunden haben, aber hier bei den Tancreds lag sie nicht. Ich fragte mich, ob sie auch wirklich tot war oder vielleicht in einem der Räume des Ostflügels gefangen gehalten wurde. Es war ein törichter Gedanke, und ich vertrieb ihn rasch aus meinem Bewußtsein. Dann kletterte ich durch eine Bresche in der Mauer, um den Heimweg anzutreten.

Außerhalb der Friedhofsmauer, in ungeweihter Erde, lag das Grab von Esmees Mutter. *Rachel Tancred* stand auf dem Grabstein. *Gestorben am 8. Oktober 1892.*

Das war alles. Und doch verriet mir die Inschrift sehr viel. Sie war am selben Tag gestorben wie ihr teuflischer Schwiegervater, dessen Geist noch heute die Atmosphäre in Tancred vergiftete. Ich hatte bisher nur erfahren können, daß beide schon ›seit Jahren tot waren‹, aber es konnte kaum jemand einen Tag vergessen haben, an dem gleich zwei Familienmitglieder den Tod gefunden hatte. Und was auch die Ursache gewesen sein mochte, es war nicht Rachel Tancreds schwache Gesundheit. Man hatte sie nicht in geweihter Erde begraben, und das besagte viel.

Ich eilte den Hügel so rasch hinab, daß ich öfters über Steine und Unebenheiten stolperte. In den Straßen von Loxham begegnete ich einigen Dorfbewohnern, und an ihren Blicken erkannte ich, daß die Nachricht von den seltsamen Vorkommnissen der vergangenen Nacht schon bis zu ihnen gedrungen war.

Jetzt war ich zum Umfallen müde. Ich war mehrere Kilometer gelaufen und hatte nun auch noch den Rückweg vor mir, bei dem es bergauf ging. Auch spürte ich jetzt, daß ich seit mehr als zwölf Stunden nichts gegessen hatte. Bald darauf konnte ich das Meer sehen und bemerkte, daß es voller weißer Wellenkämme war. Ein Wetter schien im Anzug zu sein.

Als ich Tancred erreichte, war alles still. Das Haus lag verlassen da. Es war schon Mittag geworden. Mrs. Tancred wagte ich nicht aufzusuchen, und so ging ich in die Küche. Mary war bereits aufgestanden, denn ein Tablett mit schmutzigen Tassen stand auf dem Tisch. Ich wusch die Tassen ab, dann setzte ich mich an den Tisch und aß eine Scheibe Brot.

Jetzt mußte ich noch eines tun. Es war möglich — nein, nicht nur möglich, sondern sogar sicher —, daß die Erklärung des Geheimnisses, das die beiden Gräber bargen, im Ostflügel zu finden war. Und deshalb wollte ich ihn mir nun einmal genauer ansehen.

Ich ging zum Haus hinüber und an der Vorderfront entlang. Je näher ich dem unheimlichen Teil des Gebäudes kam, um so langsamer wurden meine Schritte. Die Tür hing nach wie vor lose in den Angeln und wurde vom Wind knarrend hin und herbewegt. Ich blieb lange vor ihr stehen und fragte mich, ob das, was ich vorhatte, nicht sehr unvernünftig war. Am liebsten wäre ich umgekehrt und hätte die düsteren Geheimnisse, die hinter diesen Mauern lagen, sich selbst überlassen, doch Richard Tancred und Esmees Mutter waren am selben Tag gestorben, und John Tancred hatte ein entstelltes Gesicht, an dem sein Vater schuld war. Mrs. Tancred lebte in der Vergangenheit und Esmee in einer Traumwelt. Was hatte so schwerwiegend in das Leben all dieser Menschen eingegriffen, daß auch mein Leben davon zerstört wurde?

Der Gang war sehr schmal. Nach ein paar Metern stieß er auf einen breiten Korridor, der anscheinend der Länge nach durch das Haus führte. Ich wandte mich nach links und stieg eine enge Treppe empor. Sie endete an einer Eichentür. Die Treppe hatte kein Geländer, und ich stützte mich an der kalten Wand, während ich emporstieg. Die Tür war unverschlossen, und hinter ihr kamen ein weiterer schmaler Gang und eine andere Tür. Als ich sie erreicht hatte, zögerte ich einen Augenblick, dann öffnete ich sie.

Jetzt stand ich in einem großen dunklen Raum, der mit düsteren Möbeln ausgestattet war und durch ein kleines Fenster hoch oben in der Wand erhellt wurde. Ich wußte selbst nicht recht, was ich eigentlich zu finden gehofft hatte, aber dieses leere, uninteressante Schlafzimmer nicht. Es hing ein kleines Gemälde an der Wand, das eine junge Frau darstellte, blaß und mit dunklen Augen. Ich ging hin und betrachtete es aus der Nähe. Ein Metallschild war am Rahmen befestigt, und obwohl es voller Grünspan war, konnte man deutlich den Namen *Rachel* lesen. Das Gesicht verriet mir nichts. Es war einfach das Porträt einer hübschen jungen Frau, ein uninteressantes Bild, weil der Künstler dem Modell hatte schmeicheln wollen.

Die Luft roch muffig. Auf dem Schrank in der Ecke, auf Kommoden und Stühlen lag eine Staubschicht. Das breite Bett, dessen hölzerner Himmel auf vier gedrehten Säulen ruhte, war ebenfalls ganz verstaubt. Ein Umhang hing über einer Stuhllehne, und auch er war staubig.

Mein erster Eindruck, daß der Raum mir nichts verraten würde, war falsch gewesen. Jetzt wurde mir klar, daß der Geist Rachel Tancreds in diesem Raum noch sehr lebendig war.

Ein Paar Hausschuhe standen neben dem Bett. Eine Haarbürste lag, mit den Borsten nach oben, auf der Kommode, als habe eine eilige Hand sie niedergelegt. Der runde Spiegel war so gedreht, daß der vor ihm Stehende sein Gesicht besser sehen konnte.

Ich wagte mich plötzlich nicht mehr zu rühren, um sie nicht durch ein plötzliches Geräusch oder eine jähe Bewegung zu vertreiben. Ich hatte das Gefühl, daß sie mir nahe war. Vorhin hatte ich ihr Grab dort oben an der Friedhofsmauer gesehen, und dennoch befand sie sich in diesem Zimmer.

Ich ging auf Zehenspitzen zur Kommode. Drei Haarnadeln lagen dort unordentlich hingeworfen, ein zerdrücktes Taschentuch befand sich daneben, und der Finger eines fliederfarbenen Handschuhs hing aus einer der Schubladen heraus. Der Spiegel war trüb, vom Staub von sechs Jahren verschmutzt, doch ich konnte darin die vagen Umrisse meines Gesichtes sehen.

Plötzlich bewegte sich etwas hinter mir. Eine Hand griff im Spiegel nach meinem Hals.

Vor Entsetzen kam kein Laut über meine Lippen. Meine Kehle war vor Grauen wie zugeschnürt. Ich wollte mich umdrehen, doch ich war unfähig mich zu rühren.

»Hier wolltest du schon lange herkommen, du Schnüfflerin, was?«

Die Faust in meinem Nacken verwandelte sich von einer Geisterhand in die sehr irdische Pranke von Matthew Johnson. Als mir klar wurde, daß ich mich einer menschlichen Erscheinung gegenübersah, legte sich meine Erstarrung, und ich begann zu zittern.

»Ich habe doch schon gemerkt, wie du überall im Haus rumschleichst und versuchst, es herauszufinden«, sagte er.

Ich wandte mich zu ihm um. Böse sahen mich seine rotumrandeten, kleinen Augen an. Als ich mich aus seinem Griff freizumachen suchte, ließ er mich sofort los.

»Keine Sorge, du magere Krähe. Ich hab' dich nie gewollt. Diesmal kannst du nicht zu ihm laufen und mich anschwärzen.«

Er sprach mit leiser Stimme, als wolle er vermeiden, daß man auf unsere Anwesenheit in diesem Flügel des Hauses aufmerksam wurde.

»Warum sind Sie mir nachgekommen?«

Er lehnte sich an eine Kommode und grinste.

»Da könnte ich ja genausogut fragen, warum du hergekommen bist«, erwiderte er spöttisch.

»Ich kam her, weil . . .« Ich wußte nicht weiter.

»Ich weiß genau, warum du gekommen bist. Ich habe doch gemerkt, wie du überall mit Fragen herumbohrst und Briefe schreibst, um herauszufinden, was mit uns los ist. Ja, du kleine Giftschlange«, sagte er, als ich ihn bei der Erwähnung meiner Briefe wütend ansah, »denkst du wirklich, daß ich dir deine Briefe bringe ohne vorher festzustellen, was in deinem dummen Dickschädel vor sich geht?«

»Sie haben kein Recht dazu, meine Briefe zu lesen!« fuhr ich ihn an.

Er steckte die Hände in die Taschen seiner ledernen Reithosen und grinste ungerührt. »Nein? Du hast ja auch kein Recht, deine Nase in Dinge zu stecken, die dich einen Dreck angehen.«

Ich näherte mich mit energischen Schritten der Tür. Rasch zog er die Hand aus der Tasche und verstellte mir den Weg.

»Lassen Sie mich vorbei!« sagte ich scharf.

»Aber nein, mein Mäuschen. Du bist doch hergekommen, um etwas herauszufinden. Das sollst du auch. Der liebe Matt wird dir alles sagen, was du wissen willst.«

Er trat einen Schritt näher an mich heran, und ich wich zurück. Seine Arme mit den großen Händen hingen locker herab.

»Was wollen Sie von mir?« fragte ich ängstlich. Er lachte sein lautes, dröhnendes Lachen, das mir so verhaßt war.

»Ich will gar nichts von dir. Ich will mich nur ein bißchen mit dir unterhalten und dir alles sagen, was du wissen willst. Denn du willst es doch gern wissen, was?«

Plötzlich war das nicht mehr der Fall. Ich wollte die Geheimnisse dieses Zimmers nicht mehr enthüllen. Jetzt ahnte ich, daß sich mein Leben verändern würde, wenn ich Mitwisser der Tragödie von Tancred wurde.

»Ich möchte hinaus!«

Er drängte mich noch weiter ins Zimmer zurück. Dabei berührte er mich zwar nicht, aber schon die Drohung seines feisten Leibes, der mir immer näher rückte, ließ mich vor ihm zurückweichen.

»Du darfst ja hinaus«, sagte er mit rauher Stimme, »sicher darfst du hinaus. Sobald der liebe Matt dir seine Geschichte erzählt hat, darfst du hinaus. Du hast ja auch schon einen langen Tag hinter dir, nicht wahr, mit einem anstrengenden Spaziergang auf der Suche nach Rachel Tancreds Grab, das nicht da war.«

»Es war ja da«, erwiderte ich unvorsichtig. Als ich das triumphierende Aufblitzen in seinen Augen sah, wußte ich, daß ich besser geschwiegen hätte.

»Also hast du es doch gefunden. Draußen vor dem Friedhof. Und du weißt natürlich auch, warum Rachel Tancred nicht drinnen bei den anderen liegen durfte, nicht wahr?«

Er drängte mich immer weiter zurück, bis ich an die Kommode stieß. Nun konnte ich nicht mehr zurückweichen, und sein boshaftes Gesicht grinste mich aus nächster Nähe an.

»Na komm, mein Mäuschen, erzähl mal dem lieben Matt, daß du weißt, warum Rachel draußen vor der Friedhofsmauer liegen muß.«

Ein pochender Kopfschmerz machte sich über meinen Augen bemerkbar. Es tat mir weh, Matt anzusehen, und ich wandte das Gesicht zur Seite.

»Nein, sieh mich nur an.« Er drehte meinen Kopf zu sich herum. »So ist's recht. Nun sag mir mal, warum Rachel Tancred ganz allein draußen vorm Friedhof liegt und nicht beim Rest der Familie.«

Der pochende Schmerz wurde zu einem Stechen, das mir tief ins Hirn drang. »Ich will hinaus!« sagte ich, und meine Stimme klang sehr grell.

Jetzt wurde Matt wütend. Schweißtropfen standen auf seiner Stirn und seinem Kinn. Die kleinen Augen zogen sich zu Schlitzen zusammen.

»Noch nicht, mein Mäuschen, noch nicht. Erst wenn du meine Frage beantwortet hast. Warum liegt sie draußen vor der Friedhofsmauer?«

»Weil sie Selbstmord begangen hat«, schrie ich. Es war mir gleich, ob meine Stimme hysterisch klang. Ich wollte nur weg von hier, wollte das abstoßende Gesicht von Matthew Johnson nicht mehr sehen müssen.

»Richtig«, sagte er schnurrend wie ein zufriedener Kater, »umgebracht hat sie sich. Hier in diesem Zimmer, nachts, als es finster war. Vielleicht behalte ich dich auch hier, bis es finster ist, mein Mäuschen. Dann erzähle ich dir ganz genau, was geschehen ist.«

Es war schon jetzt fast dunkel im Raum. Ich sah zu dem kleinen Fenster empor und bemerkte, daß der Wind die verblichenen Gardinen bewegte. Staubwolken wogten langsam durch den Raum. Ich schauderte.

»Den Wind magst du nicht, was?« sagte Matt. Als ich nichts erwiderte, fuhr er fort: »Sie mochte ihn auch nicht. Sie haßte den Wind, aber zum Schluß hat er doch gesiegt.« Seine Finger schlossen sich hart um mein Handgelenk, und sein Atem schlug mir mitten ins Gesicht. »Dort oben, der Balken, sieh dir den Balken mal an. An dem hat sie gehangen, und der Wind hat sie hin und hergeschaukelt, hin und her.«

Ich kniff die Augen zu, um nicht den Balken an der Decke sehen zu müssen, um die Worte nicht hören zu müssen, die Matt Johnson so genüßlich über die Lippen kamen.

»Hin und her, hin und her«, sagte er mit rauher Stimme. »Und der Alte stand an der Treppe und lachte und lachte.«

Im Zimmer war nur noch Matthews heftiges Atmen zu hören. Er hatte meine Hand losgelassen und stand in die Welt seiner

Fantasie verloren vor mir, die Augen auf den Balken geheftet. Gegen meinen Willen wurde auch mein Blick magisch dorthin gezogen, zu dem dicken, dunklen Balken an der Decke. Wieder fuhr ein Windstoß durchs Zimmer, und der Staub um den Balken herum wogte auf. Langsam senkte er sich wieder. Mein Magen verkrampfte sich wie von einer unsichtbaren Hand zusammengedrückt.

Auf der anderen Seite des Zimmers huschte ein dunkler, kleiner Schatten aus der Ecke hinter dem Schrank hervor. Beim Geräusch der leichten, eiligen Schritte wandten wir unsere Blicke von dem Balken ab.

Wie ein kleines flüchtendes Tier huschte Esmee zur Tür. In diesem Augenblick sah ich in ihr nicht das Kind, das seltsame Kind von Tancred. Ich sah in ihr die Gestalt, in der die Erinnerung an ihre Mutter weiterlebte.

An der Tür blieb Esmee stehen und blickte über die Schulter zurück. »Ich habe sie gesehen«, sagte sie in ruhigem Ton. »Ich habe gesehen, was sie gemacht hat und was dann passiert ist.«

Jetzt begann Esmee zu lachen, so wie sie im Ahnensaal gelacht hatte. Dann warf sie die Tür hinter sich zu, und wir hörten sie davonrennen. Dabei klang das Lachen immer lauter, immer wilder.

Matthew Johnsons Gesicht war bleich geworden. »Laufen Sie ihr nach«, keuchte er. »Los, fangen Sie Esmee, ehe sie was anstellt!«

Der unheimliche Zauber, der das Zimmer erfüllt hatte, war verflogen. Esmees eilige Schritte auf der Treppe rissen mich in die Schrecken der Gegenwart zurück. Das Kind hatte alles mitangehört, was Matthew mir erzählt hatte, und nun stürzte es in wilder Flucht vor den Eindrücken, die sein Bericht in ihm erweckt hatte, davon.

Matthew rannte mit mir zur Tür. »Fangen Sie sie«, rief er mir noch einmal zu. »Auf Sie hört sie eher.«

Als ich die Treppe hinuntergehastet war und zur Tür hinausstürzte, sah ich sie zu den Drudensteinen hinauflaufen.

»Esmee! Esmee!« rief ich und folgte ihr.

Ich rannte ihr nach, den Hügel hinauf. Hinter mir hörte ich Matthews keuchenden Atem. Auch er folgte ihr.

Ich bekam kaum noch Luft, doch ich spürte, daß heute mehr auf dem Spiel stand als sonst. Heute flüchtete Esmee nicht in die

Hügel, um mich zu ärgern und herauszufordern. Ich preßte die Hand an die schmerzenden Rippen und zang mich, schneller zu laufen. Dennoch vergrößerte sich der Abstand zwischen uns rasch. Jetzt hörte ich noch eine andere Stimme hinter uns. Es war John Tancred, aber ich konnte nicht verstehen, was er rief.

Esmee hatte den Gipfel des Hügels erreicht. Sie blieb stehen und beobachtete mich, während ich keuchend den steilen Hang emporstolperte. Dann rief sie mir zu: »Ich hab's gesehen. Ich hab' gesehen, was sie gemacht hat«, und dann lief sie weiter, immer schneller.

»Esmee! Bitte, Esmee, komm zurück«, rief ich keuchend. »Esmee, bleib stehen!«

Ein qualvolles Schluchzen rang sich aus meiner Brust und erfüllte sie mit brennendem Schmerz. Ich hatte nicht einmal mehr die Kraft, die Hand gegen meine stechende Seite zu drücken, und kam nur noch torkelnd vorwärts.

Ich wußte nun, wo Esmee hinlief. Im Unterbewußtsein hatte ich es schon gewußt, als sie noch am Fuß des Hügels war. Sie lief zu dem Abgrund, der von den Klippen her tief ins Landesinnere einschnitt und in den ich damals fast hineingestürzt wäre. In panischer Angst raffte ich meine letzten Kräfte zusammen.

Jetzt hatte Esmee den Rand der Klippen erreicht. Sie sah sich nach mir um. Wartend blieb sie stehen, bis ich sie fast erreicht hatte, dann streckte sie mir die Arme entgegen.

»Kommen Sie, Miß Wakeford«, sagte sie mit sanfter Stimme.

Ich trat langsam auf sie zu, um sie nicht durch eine heftige Bewegung zu erschrecken. Meine Finger waren nur noch wenige Zentimeter von den ihren entfernt, als sie plötzlich meine Hand packte und mit festem Griff umschloß.

Was dann geschah, verfolgt mich noch heute in meinen Träumen.

Ich sage mir immer wieder, daß sie es bestimmt nicht absichtlich getan hat, daß sie sich nicht im klaren darüber war, was geschah, aber im Grunde meines Herzens weiß ich genau, daß Esmee nur deshalb meine Hand ergriff, ehe sie sich in den Abgrund stürzte, weil sie mich mit in die Tiefe reißen wollte.

Sie erfaßte meine Hand, und ich stürzte zu Boden. Der Rand der Klippen gab unter mir nach, weil der weiche Kalkstein zerbröckelte. Instinktiv suchte ich nach einem Halt, und meine Linke krallte sich in die Erde. Esmees Finger glitten aus den meinen, die Erde unter mir zerbröckelte immer mehr und ich rutschte langsam hinab. Unter mir sah ich Esmee wie eine Möwe durch die Luft segeln, bis sie als kleiner Fleck tief unten am Strand liegen blieb.

Der Kalkstein unter mir war etwa zwei Meter tief vom Rand herabgerutscht. Ich versuchte mich aufzurichten, doch dadurch geriet die Erde noch mehr in Bewegung. Als ich emporsah, erblickte ich über mir das bleiche Gesicht von Matthew Johnson.

»Rühren Sie sich nicht!« rief er mir zu. »Bleiben Sie still liegen.«

Aus Angst, den Erdrutsch zu beschleunigen, wagte ich nicht einmal zu antworten. Jetzt tauchte John Tancreds Kopf über dem Rand der Klippe auf. Er hatte sich so heftig zu Boden fallen lassen, daß Gras und Steine auf mich herabrieselten. Sein Gesicht war gut zwei Meter über mir.

»Können Sie sich bewegen?« fragte er.

Ich schüttelte stumm den Kopf. Vor Angst brachte ich kein Wort heraus.

»Ich hole Hilfe«, sagte Matt. »Ich hole ein Seil.«

»Dazu ist keine Zeit«, erwiderte John. »Der Fels gibt zu schnell nach.«

Ihre Köpfe verschwanden. Ich war allein. Gut zweihundert Meter unter mir lag die regungslose Gestalt von Esmee auf dem Sand.

Jetzt sah ich John Tancreds Gesicht wieder über mir erscheinen. Er hatte die Jacke ausgezogen.

»Miß Wakeford«, sagte er, »ich lasse jetzt meine Jacke zu Ihnen herunter. Wir haben sie mit der von Matt zusammengebunden. Sie müssen sich daran festhalten. Haben Sie verstanden?«

Ich nickte.

»Gut. Bewegen Sie sich möglichst wenig. Wenn Sie mit beiden Händen den Ärmel festhalten, versuche ich Sie hochzuziehen.«

Ich wollte ihm sagen, daß er vorsichtig sein solle, damit er nicht selbst hinunterstürzte, aber ich brachte kein Wort heraus.

»Was ist?« fragte er. »Was wollen Sie sagen?«

»Der Rand«, stieß ich mit heiserer Stimme hervor. »Er wird abbröckeln, wenn Sie versuchen, mich hochzuziehen.«

»Matt liegt hinter mir. Er hält mich am Bein fest. Vorsichtig jetzt. Halten Sie sich ganz fest.«

Langsam kam seine Jacke über den Rand herabgeglitten. Mir taten die Zähne weh, so fest preßte ich sie aufeinander. Langsam hob ich die Arme, und dann hielt ich den Jackenärmel fest in den Händen.

»Achtung!« rief John Tancred. »Jetzt ziehe ich.«

Schon bei meiner ersten Bewegung stürzte das ganze Stück Erdreich, auf dem ich gelegen hatte, in die Tiefe. Jedesmal, wenn ich den Fuß gegen die Seite des Abgrundes stützte, um das an meinen schmerzenden Armen hängende Gewicht etwas zu verringern, hatte ich das Gefühl, die ganze Klippe werde zusammenbrechen. Mir schienen Stunden zu vergehen, während Johns Gesicht langsam, unendlich langsam näherkam. Mit verkrampften Armen sah ich zu ihm empor, den Blick in seine Augen gebohrt, als könne ich dort die Kraft schöpfen, die ich brauchte, um den Griff meiner Hände nicht zu lockern.

Langsam kamen sich unsere Köpfe näher. Jede Einzelheit seines Gesichtes grub sich unauslöschlich in mein Gedächtnis ein. Die Narbe, die leuchtend weiß aus seinem Gesicht hervorstand, wurde immer deutlicher. Jetzt drehte er den Kopf und sagte etwas zu Matt. Dann zog er noch einmal an, und im nächsten Augenblick packte er mich unter den Achseln.

»Jetzt noch ein kleines Stück«, sagte er.

In einer letzten Anspannung aller Kräfte schwang ich meine Beine seitlich zu ihm hinauf. Gleichzeitig zog er mich zu sich empor, und dann lag ich auf fester Erde, das Gesicht im trockenen Gras.

10

Es dauerte stundenlang, bis ich aufhörte zu zittern. Sogar als ich schon im Bett war und schlief — den Schlaf völliger seelischer und körperlicher Erschöpfung —, spürte ich noch, daß meine Glieder wie im Schüttelfrost zitterten.

Zuerst war ich völlig unfähig gewesen mich zu bewegen. Ich lag regungslos da, den Körper in die herrliche Sicherheit des grasbewachsenen Bodens gedrückt und mit beiden Händen den Ärmel von John Tancreds Jacke umklammernd.

»Sind Sie verletzt, Miß Wakeford?« hörte ich John fragen.

Ich wußte, daß ich einen Schrei- oder Weinkrampf bekommen würde, wenn ich ihm eine Antwort gab. Ich hatte zwei Tage nicht geschlafen, und in diesen zwei Tagen hatte ein Schrecknis und eine Aufregung die andere abgelöst.

»Miß Wakeford! Antworten sie! Sind Sie verletzt?«

Da begann das Zittern. Ich war unfähig, es zu beherrschen. Mühsam richtete ich mich auf und stellte mich auf die Füße, dann schritt ich auf steifen Beinen den Hügel hinab.

Matthew lief an mir vorbei zum Haus und rief nach Mary. John Tancred ging neben mir her und sah mich besorgt an. Als er meinen Arm nehmen wollte, wehrte ich ab. Dann kam Mary auf mich zugestürzt, um mich zu stützen, doch ich wies auch sie mit einer Handbewegung zurück.

Sie folgte mir in mein Zimmer und schlug das Bett auf. Dann brachte sie mir warmes Wasser und blieb bei mir, während ich mir Blut, Erde und Schmutz abwusch. Ich ließ meine zerfetzte Kleidung zu Boden fallen und zog das Nachthemd über.

Es war dunkel geworden, als ich endlich ins Bett sank. Mary nahm die Lampe mit, als sie hinausging, und überließ mich der Dunkelheit und den Alpträumen, die auf mich lauerten. Doch als ich am nächsten Morgen erwachte, war die Wirklichkeit noch schlimmer als meine Träume.

Esmees Leiche wurde heimgeholt. Zum letztenmal wusch ich den zarten, kindlichen Körper und kleidete ihn an. Es war mir nichts Neues, einem Toten diesen letzten Dienst zu erweisen. Bei uns daheim taten wir das immer selbst und überließen es keinem Außenstehenden.

Es war mir aufgefallen, daß die Gesichter der Toten, wenn Kummer und Schmerzen den Körper verlassen haben, meistens still und friedlich waren.

Doch Esmees Züge zeigten diesen Frieden nicht. Ihr Gesicht war nicht entspannt. Es hatte auch im Tode noch etwas Lauerndes, Geheimnisvolles. Ich betete für sie, aber es gelang mir nicht, mich ganz ins Gebet zu versenken. Im Hintergrund meines Bewußtseins stand ständig die Angst, daß sie sich plötzlich aufrichten und sagen würde: ›Ja, Miß Wakeford?‹

Später löste mich Mary ab. Sie hatte mir keine Fragen nach dem furchtbaren Nachmittag auf den Klippen gestellt. Flüsternd hatten wir überlegt, was wir dem Pfarrer sagen wollten, der von

Canterbury herüberkam. Wir wollten vermeiden, daß Esmee wie ihre Mutter in ungeweihter Erde bestattet wurde.

Dann teilten wir John Tancred und Matt Johnson mit, welche Geschichte wir uns zurechtgelegt hatten. Es war ein Unfall gewesen, durch den Wind bei einem unvorsichtigen Spiel des Kindes verursacht. Ich überließ es Mary, Mrs. Tancred zu informieren. Sie ließ niemanden außer ihr zu sich. Seit der Nacht des Balles hatte ich sie nicht mehr gesehen. Es waren mir von ihr auch keine Anweisungen erteilt worden, und niemand hatte ihren Rollstuhl in den Gängen erblickt. Ich fürchtete den Tag, an dem sie mich zu sich befehlen würde.

Vier Tage später kamen aus Brighton zwei schwarze Kutschen mit Pferden, die mit dunklen Federbüschen geschmückt waren. John und Matthew trugen den kleinen Sarg in den ersten Wagen und setzten sich dann zu uns in den zweiten.

Schweigend fuhren wir nach Loxham, zwei Frauen und zwei Männer, verbunden durch mehr, viel mehr als durch gemeinsame Trauer. In Loxham angekommen, blieben wir in der Kutsche sitzen, während wir auf die Ankunft des Pfarrers warteten. In einiger Entfernung drängten sich die Dorfbewohner ängstlich zusammen. Ihre Neugierde war geradezu fühlbar, und ihre Blicke waren unfreundlich und sogar haßerfüllt. Dann kam der Pfarrer, und die Wagen setzten sich wieder in Bewegung.

Dabei wurde mir klar, daß ich jetzt zur anderen Seite von Tancred gehörte — zur Seite der Geschworenen, die die Geheimnisse des alten Hauses sorgsam hüteten. Ohne daß ich es wollte, war ich nun eine von ihnen. Ich kannte zwar noch immer nicht alle alten Geheimnisse von Tancred, doch die neuen kannte ich und war bereit, sie zu bewahren.

Soweit es ging, fuhren die Wagen den Hügel hinauf. Dann mußten wir aussteigen. John und Matthew trugen den Sarg den schmalen Pfad empor, und Mary und ich stolperten hinterher. Der Pfarrer eilte neben uns her. Es gab keine weinenden Leidtragenden, die er trösten mußte, und glücklicherweise schenkte er sich die üblichen Phrasen.

Es dauerte lange, bis wir die alte Kirche erreichten. Endlich betraten wir den verwahrlosten Friedhof, und der Pfarrer sah sich unruhig um.

»Hier?« sagte er zweifelnd. »Hier wollen Sie das Kind beerdigen?«

John Tancred wandte ihm das Gesicht zu. »Alle Tancreds ruhen hier.« Er führte ihn zur Rückseite der Kirche, wo neben Richard Tancreds Grab ein neues ausgehoben worden war.

Der Pfarrer sprach seine Gebete, der Sarg wurde in die Tiefe gesenkt, und die Erdschollen fielen darauf. Ich hätte gern um Esmee geweint, aber es gelang mir nicht, echte Trauer zu empfinden. Wir fünf standen rund um das offene Grab, und der Wind zerrte an Marys und meinen Röcken. Esmees Grab sah klein und verloren aus neben dem ihres Großvaters.

Der liebe Gott hat auch Angst vor Großvater — hatte das Kind gesagt.

Ich blickte zum Vater der unglücklichen Erbin von Tancred hinüber und versuchte, aus seiner Miene zu entnehmen, welche Gedanken ihn bewegten. Vor sechs Jahren hatte er schon einmal auf diesem Hügel gestanden und dieselben Gebete gehört, ehe man den Sarg seines Vaters in die Grube senkte. Dann hatte er vor der Friedhofsmauer der Bestattung seiner Frau beigewohnt, die ohne den Segen der Kirche vorgenommen wurde.

Seine Miene verriet mir nichts.

Der Pfarrer hatte geendet, doch niemand wandte sich zum Gehen. Auch er wagte nicht, sich zu entfernen, da wir regungslos und schweigend am Grab verharrten. Er sah uns der Reihe nach hilflos an.

»Vielleicht . . .«, stieß er dann unsicher hervor, »vielleicht möchte der Vater etwas sagen? Ein paar Worte der Erinnerung . . .«

Er verstummte, als John Tancred ihm langsam den Kopf zuwandte und entgegnete: »Nein.«

Der Pfarrer wollte etwas erwidern, aber der Blick von vier Augenpaaren, die starr auf ihn geheftet waren, ließ ihn verstummen. Wir wandten uns um und gingen langsam dem Ausgang zu. Dort stand der Totengräber. John Tancred trat zu ihm und drückte ihm ein Geldstück in die Hand.

In Loxham verließ uns der Pfarrer sichtlich erleichtert.

Wir gingen zurück zum windumheulten Haus auf den Klippen, in dem nur eine alte Frau im Rollstuhl wartete. Die schwarzen Wagen, die Fahrer und die Pferde fuhren nach Brighton zurück.

Ich ging in mein Zimmer, wusch mich und zog mein bestes schwarzes Kleid an. Ich band eine saubere Schürze um und setzte eine frische Haube auf. Eine Weile saß ich still auf dem harten Stuhl mit der hohen Lehne am Tisch. Ich öffnete meine Bibel und las den dreiundzwanzigsten Psalm. Dann verließ ich das Zimmer, ging durch die Korridore und durch den Ahnensaal bis zu John Tancreds Zimmer.

Als ich klopfte, kam keine Antwort. Ich klopfte noch einmal, dann öffnete ich einfach die Tür und trat ein.

John Tancred saß im Ohrensessel, den starren Blick dem Fenster zugekehrt, durch das grau die Abenddämmerung ins Zimmer fiel. Seine Hände lagen auf den Armlehnen. Er saß starr und stumm wie eine Bildsäule da.

»Miß Wakeford.«

Es lag keine Frage in seinem Ton, nur eine Feststellung, so als habe er mich schon erwartet. Ich nickte ihm grüßend zu, dann setzte ich mich auf den Stuhl, der ihm gegenüberstand, und faltete die Hände im Schoß.

»Ich nehme an«, sagte er mit müder Stimme, »daß Sie gekommen sind, um zu kündigen.«

»Nein.«

»Sie wollen nicht kündigen?«

Das überraschte ihn. Als er weitersprach, war seine Stimme scharf und aufmerksam.

»Miß Wakeford, ich möchte Sie natürlich nicht zu etwas überreden, was Sie nicht wollen. Sie ... Man hätte sie nie hierherlocken sollen. Wenn Sie sich recht erinnern, habe ich Ihnen gleich gesagt, als wir uns zum erstenmal auf dem Hügel trafen, daß Sie nicht hierbleiben sollten.«

»Ja, Sir. Ich möchte trotzdem bleiben.«

Er rutschte unruhig in seinem Stuhl hin und her. Es schien ihm nicht zu passen, daß die Unterhaltung nicht so verlief, wie er es sich vorgestellt hatte.

»Miß Wakeford«, sagte er gereizt, doch dann änderte sich sein Ton. Anscheinend hatte er sich entschlossen, aufrichtig mit mir zu sein.

»Ich werde versuchen«, sagte er langsam, »Ihnen klarzumachen, weshalb es nicht klug von Ihnen ist, wenn Sie hierbleiben. Dieses Haus ist kein guter Ort, Miriam Wakeford. Schon jetzt sind Sie hier in Dinge verwickelt worden, die Sie nicht verstehen. Es war nicht gut für Sie, daß Sie hergekommen sind, aber vielleicht ist es noch nicht zu spät, und Sie können sich retten.« Er hielt inne, dann fügte er nachdenklich hinzu: »Sie sind sehr stark. Sie sind stärker als alle anderen, die je in diesem Haus gelebt haben. Ihnen wird es gelingen, Tancred zu verlassen und sich nach einer Weile völlig von seinem Einfluß zu lösen.«

»Ich möchte Tancred nicht verlassen.«

Es war sehr still im Zimmer. Wir saßen in fast völlig entspanntem Frieden, dann runzelte er die Stirn und fragte: »Warum sind Sie dann zu mir gekommen?«

Ich war überrascht, daß ich nun, da der Zeitpunkt da war, keine Angst hatte. Jetzt war ich nicht länger ein Außenseiter in Tancred. Ich war in die dunkle Bruderschaft derer eingetreten, die die Geheimnisse des alten Hauses bewahrten, und ich fürchtete mich nicht, das auszusprechen, was ich sagen wollte.

»Wissen Sie, daß ich das Grab Ihrer Frau an der Friedhofsmauer gefunden haben? Und daß Matthew Johnson mir gesagt hat, wie sie gestorben ist?«

Er nickte. Mein Herz klopfte heftig, und meine Finger verkrampften sich ineinander.

»Wissen Sie auch, daß Esmee unser Gespräch gehört hat?«

Er sank tiefer im Stuhl zusammen, so daß sein Gesicht im Schatten lag und ich seine Züge nicht mehr erkennen konnte. »Ja, ich weiß das alles. Matthew hat es mir gesagt.«

»Aber Sie wissen nicht, und Matthew Johnson weiß es auch nicht, daß ich nicht deshalb fast in den Abgrund gerutscht bin, weil ich Esmee retten wollte, sondern weil Esmee meine Hand ergriffen hatte, um mich mitzuziehen, als sie sich hinabstürzte.«

Er lehnte sich langsam vor. Seine Augen sahen mich voller ungläubiger Qual an, als wolle er die schreckliche Last nicht tragen, die ich ihm aufbürdete.

»Das ist nicht wahr!« sagte er.

»Doch, es ist wahr.«

Früher hätte ich vielleicht gelogen, um ihm Kummer zu ersparen, und hätte das Geheimnis von Esmees wahnsinniger Tat vor ihm bewahrt. Inzwischen war ich mir aber darüber klargeworden, daß es keine Schonung geben durfte. Ich mußte ihm die Wahrheit sagen, wenn ich ihm wirklich helfen wollte.

»Jetzt muß ich auch den Rest erfahren«, sagte ich sanft. »Ich muß wissen, was Ihr Vater getan hat und warum Ihre Frau sich das Leben nahm. Es war nicht richtig, daß Sie von mir verlangt haben, alles in Ordnung zu bringen, ohne mir zu verraten, worum es eigentlich ging. Jetzt müssen Sie mir endlich die Wahrheit sagen, denn das Schweigen hat inzwischen eine andere Tragödie heraufbeschworen. Wenn Sie wollen, daß die Schatten von früher vergehen, muß ich wissen, woran ich bin.«

Es war inzwischen völlig dunkel geworden. Ich konnte sein Gesicht nicht mehr erkennen. Wir saßen stumm da und rührten uns nicht.

Schließlich stand ich auf.

»Wo ist die Lampe?« fragte ich.

»Am Fenster.«

Ich tastete mich zum Fenster, fand die Lampe und auch die Zündhölzer. Gerade hatte ich den Zylinder über den flackernden Docht geschoben, als er fragte: »Was wissen Sie denn alles?«

»Daß Ihr Vater ein schlechter Mensch war; daß er gelacht hat, als sich Ihre . . . als sich Esmees Mutter das Leben genommen hat; daß Esmee und auch Ihre Mutter Angst vor ihm hatten.«

»Wissen Sie genau, wie schlecht er war, Miriam Wakeford?«

Seine Stimme klang ganz fremd, wie erstorben, als er fortfuhr: »Wir hatten alle tödliche Angst vor ihm, nicht nur Mary oder meine Mutter, wir alle. Ich erinnere mich noch daran, wie sehr ich mich fürchtete, wenn er von einer Reise zurückkam. Glücklicherweise war er oft fort.«

»Hat er Sie geschlagen?« fragte ich. Er zuckte die Achseln.

»Brutal konnte er auch sein, aber deshalb hatten wir nicht solche Angst vor ihm. Es bereitete ihm eine geradezu teuflische Freude, die speziellen Ängste und Schwächen jedes einzelnen von uns zu entdecken und diese Kenntnis gegen den Betreffenden zu verwenden. Sie kennen meine Mutter ja jetzt und wissen, wie stolz sie auf das alte Haus ist und darauf, dem Geschlecht der Tancreds anzugehören. Aber ich habe meine Mutter zu seinen Füßen liegen sehen, wimmernd wie ein Tier, durch seinen Sadismus aufs Äußerste erniedrigt.«

John Tancred war in seinem Sessel zusammengesunken, als drücke ihn die Last seiner Erinnerungen nieder. »Manchmal hat er alle ihre alten Freunde eingeladen und die wenigen Angehörigen der Gesellschaft, die noch bereit waren, seine Einladung anzunehmen. Während eines Balles, als alle Gäste versammelt waren, kam er aus Brighton und brachte eine Kutsche voller Straßendirnen mit. Dann stellte er sich betrunken, und ich habe erlebt, daß er meiner Mutter die Perlenkette herunterriß und sie einem dieser lasterhaften Weiber schenkte, und das alles angesichts einer Schar von Gästen. Was er ihr angetan hat, wenn keine Zeugen dabei waren, kann ich nur ahnen.«

Er wandte mir den Blick zu. »Wissen Sie, was er an Mary verbrochen hat?«

Ich nickte.

»Und das hat er nicht nur Mary angetan«, fuhr John Tancred fort. »Jede Frau, die in dieses Haus kam, wurde zu einer verängstigten, entwürdigten Kreatur. Für ihn waren sie nur Opfer, an denen er seine sadistischen Triebe auslassen konnte.«

Er blickte zum dunklen Fenster und fuhr fort: »Einmal hatte ich einen Hund. Den hat er umgebracht, weil er wußte, daß ich ihn liebte. Er hat ihn im obersten Stock in einem Zimmer eingesperrt und ihn verhungern lassen, und jedesmal wenn ich versuchte, zu ihm hinaufzugehen, hat er mich die Treppe hinuntergeprügelt.«

Mir wurde übel.

Mit blicklosen Augen sah John Tancred zurück in die Vergangenheit. »Ich kann Ihnen gar nicht alles sagen, was er getan hat. Manchmal ist die Wahrheit so grauenvoll, daß es besser ist, sie mit Lügen und Schweigen zuzudecken.«

Mein Herz begann wieder heftiger zu klopfen. Ich war fest entschlossen, das Geheimnis zu lüften, das den Tod von Richard Tancred bedeckte, doch gleichzeitig fürchtete ich mich vor dem, was ich erfahren würde.

»Manches ist so grauenvoll, so unvorstellbar, daß Sie gar nicht verstehen würden, wovon ich rede«, sagte John.

»Warum hat er Ihnen die Lampe ins Gesicht geworfen?« fragte ich.

Er lächelte das böse, verzerrte Lächeln, mit dem er Mildred und Mrs. Thorburn bedacht hatte. »Ach ja, die Narbe. Die hat Sie immer schon beschäftigt, nicht wahr, Miß Wakeford? Ich habe gemerkt, wie genau Sie mein Gesicht betrachtet haben.« Ich wollte widersprechen, doch er fuhr fort: »Er hat die Lampe nach mir geworfen, weil er wütend war, daß ich versuchte, ihn zur Rechenschaft zu ziehen. Er hatte eine Brosche meiner Mutter gestohlen, und ich wollte sie ihm wieder wegnehmen.«

John Tancred hielt kurz inne, dann fuhr er fort, und es schien, als spräche er mehr zu sich als zu mir: »Aber das ist nicht alles.

Das ist nicht die ganze Wahrheit. Er war eifersüchtig und besorgt, weil er bemerkt hatte, daß ich zum Mann geworden war. Wenn er in mein Gesicht sah, merkte er, daß er selbst gealtert war, und wurde an das erinnert, was ihm bevorstand; daß er alt werden würde wie andere, alt und krank, und daß er eines Tages sterben mußte. Er wollte niemanden um sich sehen, der nicht ebenso seelisch verkrüppelt, entartet und schlecht war, so wie er. Als er mich zu einem häßlichen Schreckgespenst gemacht hatte, war er wieder König von Tancred.«

»Sie sind nicht häßlich!« entfuhr es mir. »Sie bilden sich ein, daß sich jeder durch Ihr Gesicht abgestoßen fühlt, aber das ist nicht wahr. Ich bin überhaupt nicht davon abgestoßen. Ich merke gar nicht mehr, daß Sie eine Narbe haben.«

Er beachtete meine Worte nicht, sondern setzte seinen Bericht leise fort. »Damals bin ich von zu Hause fortgelaufen. Ich habe Tancred verlassen und den Sadisten, von dem es regiert wurde. Ich ging nach Frankreich. Einst hatten wir dort eine Handelsniederlassung, bis er sie verkaufte, aber die Leute in dieser Stadt erinnerten sich noch an die Tancreds und waren sehr gut zu mir. Monsieur Duvoix, unser ehemaliger Vertreter dort, hatte die Niederlassung gekauft. Er lieh mir soviel Geld, daß ich mit der Pferdezucht beginnen konnte. Für ihn bestand nicht die geringste Verpflichtung dazu, mir zu helfen, denn er hatte für die Niederlassung einen anständigen Preis gezahlt, aber er war ein guter Mensch.«

Plötzlich erhob sich John Tancred und trat zum Fenster. Er blickte in die Dunkelheit hinaus und wandte mir den Rücken zu. »Rachel war seine Nichte, die Tochter seiner verstorbenen Schwester. Ihr Vater war auch tot, und Duvoix hatte sie aufgezogen. Sie war damals sechzehn Jahre alt und das sanfteste, schüchternste Mädchen, das ich je gesehen hatte.«

Er wandte sich um und blickte mich an. »Können Sie sich die Qual eines jungen Mannes ausmalen, der weiß, daß er so abstoßend ist, daß keine Frau seinen Anblick ertragen kann? Der immer eine Seite seines Gesichtes verbergen muß, und das in einem Alter, in dem es das Natürlichste von der Welt wäre, auf die Suche nach einer Gefährtin zu gehen. Ich merkte es immer wieder auf der Straße, wenn eine Frau auf mich zukam und dann, wenn sie sah, was mit mir los war, schnell den Blick abwandte und so tat, als hätte sie mich nicht bemerkt.

Sie hat es zuerst auch gemacht. Als sie mich das erste Mal sah, konnte sie einen leisen Laut des Entsetzens nicht unterdrücken und lief aus dem Zimmer. Aber am nächsten Tag kam sie zu mir und entschuldigte sich und sagte, daß sie sich nur an mich gewöhnen müsse.«

Ich hatte plötzlich das Gefühl, Rachel Tancred zu kennen. Ich konnte sie mir genau vorstellen, wie sie ins Zimmer trat zu dem fremden, unglücklichen jungen Mann mit der Narbe. Ich konnte mir die junge Frau auch genau vorstellen, scheu, lieb und hübsch, die drei Haarnadeln und einen fliederfarbenen Handschuh zurückließ, als sie starb.

»Die ersten zwei Monate, die ich bei Duvoix verbrachte, kamen wir uns noch nicht näher. Sie war sehr scheu und manchmal, wenn sie zornig oder bitter war, mußte sie weinen. Doch als ich dann nach längerer Abwesenheit zurückkam, war es besser. Ich hatte inzwischen etwas Geld verdient und brachte ihr ein Geschenk mit. Es war nur eine Spieluhr, aber sie liebte sie sehr und spielte sie immer wieder. Sie lernte auch die Worte dazu und sang sie sehr oft.«

John Tancred brauchte mir nicht zu sagen, um welche Melodie es sich handelte. Ich hatte sie oft gehört, wenn ich Esmee suchte.

»Sie ging nicht gern aus. Lieber blieb sie mit mir und ihrem Onkel daheim, und mir war das nur recht so. Ich hatte mich inzwischen mit meiner Narbe abgefunden, und meine Pferdezucht machte Fortschritte. Dennoch war ich nicht gern in Gesellschaft. Die Menschen sind grausam, Miß Wakeford, und Frauen besonders. Rachel und ich blieben gern zu Haus.

Ich wartete, bis sie neunzehn war, dann hielt ich bei Monsieur Duvoix um ihre Hand an. Ich verdiente damals ganz ordentlich, und ich wußte, daß mein Vater eines Tages sterben und daß ich dann das Haus erben würde. Nun, ich war keine großartige Partie, aber Rachel wollte mich und keinen anderen, und Duvoix war einverstanden.

Wenn ich auf Reisen ging, begleitete sie mich fortan, und zwischendurch lebten wir bei meinem Schwiegervater. Dort wurde auch Esmee geboren.

Ich glaube, wir waren ein seltsames Paar. Rachel war von Natur aus sehr scheu und zurückhaltend, und ich hatte Hemmungen wegen meines Gesichtes, deshalb blieben wir möglichst allein. Wir hatten keine Freunde.

Dann kam die Zeit, da ich Tancred wiedersehen wollte. Ich hatte zwar keine glückliche Kindheit dort verlebt, aber es war dennoch meine Heimat und das Haus meiner Vorfahren. Wir hatten inzwischen festgestellt, daß Esmee nicht normal war. Das belastete unsere Ehe natürlich. Manchmal stritten wir heftig miteinander. Das führte ich zum Teil auch darauf zurück, daß wir uns kein Heim geschaffen hatte und etwas zu ruhelos in der Welt umherirrten.

Ich schrieb an meine Mutter, um mich zu vergewissern, daß mein Vater nicht da war, wenn wir sie besuchen kamen. Aus ihrer Antwort sah ich, wie glücklich sie die Aussicht auf ein Wiedersehen machte, und da sie geschrieben hatte, mein Vater werde längere Zeit abwesend sein, fuhren wir mit dem nächsten Schiff nach England.«

Er hielt inne, dann sagte er bitter: »Wenn wir das nur nicht getan hätten. Wir waren nicht sehr glücklich, aber doch zufrieden mit unserem Leben.

Es fing alles gut an. Die Stimmung im Haus war immer ganz anders, wenn er weg war. Er war schon seit längerer Zeit auf Reisen, und manchmal lachten meine Mutter und Mary sogar. Ich hatte gleich gesagt, daß wir sofort abreisen würden, wenn er zurückkam, und meine Mutter hatte sich damit abgefunden. Ich wollte meine Frau und mein Kind nicht dem zersetzenden Einfluß meines Vaters ausliefern.«

Wieder hielt er inne, ehe er fortfuhr: »Aber wir blieben zu lange. Er kam ganz unerwartet heim, im Oktober, und nachdem er Rachel gesehen hatte, war es zu spät.

Er sagte es ihr gleich am ersten Abend, dann sagte er es meiner Mutter, und dann mir. Aber als ich zu Rachel lief, war es schon zu spät.«

»Was sagte er ihr?« flüsterte ich verständnislos. John hörte mich nicht. Er sah mich an, aber er schien durch mich hindurchzublicken und das Zimmer im Ostflügel vor sich zu sehen — mit seiner toten Frau.

»Er lachte. Mein Vater stand oben an der Treppe, als wir kamen, Matthew, meine Mutter und ich, und lachte aus vollem Hals. Meine Mutter schrie ihn an, er solle aufhören, aber er lachte nur noch lauter. Ich habe meine Mutter noch nie so wild, so völlig außer sich gesehen. Der Haß, den sie all die Jahre hatte unterdrücken müssen, kam plötzlich zum Ausbruch, als sie sein

Lachen hörte, sein Lachen darüber, daß meine Frau sich erhängt hatte. Meine Mutter hob den Kerzenhalter, den sie in der Hand trug. Es war ein schwerer, silberner Leuchter, und sie schlug ihn meinem Vater mit aller Kraft auf den Kopf. Er schwankte, und sie schlug erneut auf ihn ein. Dann taumelte er einen Schritt zurück und stürzte die Treppe hinab.«

John Tancred schwieg einen Augenblick, dann setzte er hinzu: »Er war sofort tot.«

»Aber was hat er ihr denn gesagt?« flüsterte ich. »Was hat er Ihrer Frau gesagt? Weshalb hat sie sich denn umgebracht?«

»Ich wollte meine Mutter zurückhalten, als sie das zweitemal nach ihm schlug, aber sie war wie eine Furie. Erst als mein Vater die Treppe hinuntergestürzt war, kam sie zu sich. Ihr Gesicht erstarrte, und ihr Blick wurde ausdruckslos. Ich konnte sie gerade noch auffangen, als sie umsank.«

»Was hat er Ihrer Frau gesagt?«

»Meine Mutter hatte einen Schlaganfall. Eine Zeitlang konnte sie auch den linken Arm nicht bewegen, aber das hat sich wieder gegeben.«

Es gelang mir nicht, John Tancred zum Schweigen zu bringen. Er redete immer weiter, als ob er nun, da er einmal angefangen hatte, nicht wieder aufhören könne. Er ging mit großen Schritten im Zimmer auf und ab und beschrieb die Vorgänge im Ostflügel in allen Einzelheiten, so daß ich das Gefühl hatte, bei den grauenhaften Vorgängen selbst dabeigewesen zu sein. Ich sah im Geist Rachel Tancreds entseelten Körper und Richard Tancred, der oben an der Treppe stand und lachte. Ich sah John, der voller Entsetzen seine Frau anblickte, und Mrs. Tancred, deren schwelender Haß in einem befreienden Wutanfall zum Ausbruch kam. Und ich sah etwas, das sie nicht gesehen hatten: Esmees kleine Gestalt, die sich in der Ecke hinter dem Schrank versteckt hielt und ihre Mutter und ihren Großvater beobachtet hatte. Doch eines wußte ich noch nicht.

»John Tancred! Was hat Ihr Vater Ihrer Frau gesagt?«

Er hörte mir nicht zu und ging weiter erregt auf und ab. Schließlich stellte ich mich ihm einfach in den Weg und legte ihm die Hand auf die Schulter. »Sagen Sie es mir bitte, John Tancred. Weshalb hat sie sich das Leben genommen?«

Er sah mich einen Augenblick schweigend an. »Warum?« wiederholte er dann mit dumpfer Stimme. »Weil er ihr gesagt hat, daß sie seine Tochter war. Er hatte sie sofort erkannt, weil sie ihrer Mutter so ähnlich sah. Der Mutter, die nie verheiratet gewesen war.«

Ich schloß die Augen. Mir war schwindlig, und ich fürchtete ohnmächtig zu werden. Doch ich wußte, daß er mich anblickte und mich nicht aus den Augen ließ, um zu sehen, was ich bei seinen Worten empfand.

»Ist das alles?« fragte ich ruhig. »Oder war es noch mehr?«

»Das ist alles.«

Der Docht der Lampe flackerte, und ich bildete mir ein, das Klopfen meines Herzens zu hören. Jetzt wußte ich es, und ich ertrug es mit Fassung. Doch diese Fassung war nur äußerlich. Es würde noch lange dauern und viele einsame Stunden mußten noch vergehen, bis ich mich mit dieser grauenvollen Enthüllung abgefunden hatte.

»Wissen es die anderen?« fragte ich. »Mary und Matthew Johnson, wissen sie es?«

Er nickte.

Mit dem müden Schritt eines alten Mannes ging er zum Sessel zurück und ließ sich darin nieder. »Miriam Wakeford, seltsame kleine Miriam mit dem guten Herzen und dem eisernen Willen. Ich kenne Sie jetzt gut genug, um zu wissen, daß alles, was Sie über dieses Haus erfahren haben, hinter Ihrem schmalen, lieben Gesicht verborgen bleiben wird. Ihre grauen Augen werden forschend in die Welt sehen, aber niemand wird sich darüber klar sein können, was in Ihrem Kopf wirklich vor sich geht.

Und nun«, fügte er mit matter Stimme hinzu, »nun werden Sie Tancred doch lieber verlassen wollen. Damit haben Sie ja recht.« Er wandte den Blick von mir ab. Als er fortfuhr, war seine Stimme so leise, daß ich ihn kaum noch verstehen konnte. »Es wäre unverzeihlich egoistisch von mir, Sie hierzubehalten. Ich hätte Sie gleich zu Anfang wegschicken sollen. Das wollte ich ja auch, aber dann habe ich festgestellt, daß ich Sie hier brauchte. Haben Sie gemerkt, daß ich immer nach Ihnen Ausschau hielt, Miriam Wakeford?«

»Nein.«

»Vielleicht hat es mir Ihr schwarzes Kleid angetan oder die weiße Haube. Sie sind immer so tüchtig und so sauber. Nicht nur äußerlich. Auch Ihre Augen und was Sie tun, ist immer so sauber. Ich sah Ihnen nach, wenn Sie den Hügel hinaufgingen.

Dann blieben alle Schatten hinter Ihnen zurück, und das Dunkel wagte nicht, Sie zu berühren.«

»Manchmal doch«, erwiderte ich.

»Oft habe ich mich gefragt, was geschehen sein würde, wenn Sie schon zu Richard Tancreds Zeiten hergekommen wären. Ich glaube, gegen Sie hätte selbst mein Vater nichts ausrichten können.«

»Richard Tancred gegenüber wäre jeder zu schwach gewesen«, erwiderte ich.

Wir schwiegen, und zum ersten Male, seit ich nach Tancred gekommen war, herrschte Frieden im Haus. Wir sprachen nicht, aber es gab auch keine Spannung mehr zwischen uns. Unser Schweigen war voll innerer Ruhe.

»Sie haben so schönes Haar, Miriam Wakeford«, sagte er plötzlich und setzte rasch hinzu: »Wollen Sie nun fort von Tancred?«

»Nein.«

»Sie bleiben?«

»Ja, ich bleibe.«

In friedvoller Geborgenheit saßen wir da. Sicher würden Tage kommen, an denen er nicht freundlich mit mir sprach, Tage, an denen ich das alte Haus wieder fürchten würde und an denen ich müde und mutlos war. In Tancred erwartete mich keine glückliche Zukunft, nur ein Leben der Arbeit bei geringem Lohn. Doch das alles störte mich nicht. Wenn ich nur in seiner Nähe sein durfte, wenn ich ihn über die Hügel reiten sah, war ich zufrieden. Und wenn ihm meine Anwesenheit in seinem Haus wohltat, verlangte ich nicht mehr vom Leben.

Doch Tancred war ein Haus der bösen Überraschungen. Nichts war dort von Dauer, zumindest nichts Angenehmes. Für kurze Zeit erfüllte uns Frieden und Geborgenheit, während wir im schwachen Licht des stillen Raumes beisammensaßen und an eine Zukunft dachten, die vielleicht nicht ganz so bitter, nicht ganz so feindselig sein würde wie die Vergangenheit.

Es war nur ein kurzer Traum. Wir hörten das Geräusch gleichzeitig, das Geräusch des Rollstuhls, der draußen im Gang an die Holzverschalung stieß. Als wir aufstanden und uns der Tür zuwandten, sprang sie auf, und Mrs. Tancred kam ins Zimmer. Ihre Augen funkelten vor Zorn, als sie auf uns zurollte.

»Nein, Sie werden nicht hierbleiben!« fuhr sie mich an. »Sie werden nicht mehr im schwarzen Kleid und weißer Haube den Hügel hinaufgehen. Hinaus mit Ihnen! Sofort!«

Ich hatte keine Angst vor ihr, aber ich war müde, unendlich müde und erschöpft. Bei ihren Worten wurde mir klar, wie schwer das Leben in Tancred sein würde.

»Sie sind es, die alle meine Hoffnungen für Tancred zerstört hat!« rief Mrs. Tancred. »Sie haben meine Enkelin umgebracht, und jetzt wollen Sie auch noch meinen Sohn verführen, Sie falsche, scheinheilige Person! Sie haben diesem Haus nur Unglück gebracht, nichts als Unglück. Hinaus mit Ihnen!«

Sie war außer sich vor Zorn. John Tancred runzelte die Stirn und trat zu ihr. »Geh in dein Zimmer, Mutter. Du weißt ja nicht, was du sagst. Miß Wakeford bleibt bei uns.«

»Nein!« schrie sie, »nein, sie bleibt nicht hier! Ich bin die Herrin von Tancred, und ich sage, sie muß gehen!«

Energisch griff sie in die Räder des Stuhls, und schon stand sie dicht vor mir. Der Blick, mit dem sie mich ansah, war so haßerfüllt, daß ich unwillkürlich zurückwich. »Sie falsche Schlange!« zischte sie mich an. »Sie mit Ihrer Bibel und Ihrer Unschuldsmiene! Bis Sie gekommen sind, waren unsere Geheimnisse in Sicherheit. Dann sind Sie erschienen und haben Ihre Nase in Dinge gesteckt, die Sie nichts angehen. Erst haben Sie Esmee beten gelehrt, dann haben Sie das Kind umgebracht.«

»Nein, das ist nicht wahr! Ich wollte sie zurückhalten!«

»Mörderin!«

John Tancred packte die Griffe des Stuhls und schob ihn zur Tür. Sofort wandte sich ihr ganzer Zorn gegen ihn. »Laß mich in Ruhe!« befahl sie ihm. »Laß mich in Ruhe, oder ich bringe dich um, so wie ich ihn umgebracht habe!«

Ihre Worte erfüllten mich mit Entsetzen. John Tancred schob seine Mutter schweigend zur Tür hinaus. Dort stand ein Tischchen mit einer großen Zigarrenkiste. Mrs. Tancred ergriff sie, drehte ihren mageren Körper im Stuhl herum und warf sie nach mir.

»Fort mit Ihnen! Fort aus diesem Haus!«

Die Zigarrenschachtel landete harmlos klappernd zu meinen Füßen. John Tancred sah seine Mutter voller Zorn an. Doch unter diesem Zorn spürte ich das Mitleid, das er für sie empfand, das Mitleid mit dieser Ruine eines Menschen, der einst so stolz und schön gewesen war.

»Fort mit Ihnen!« schrie sie mich von der Tür her an. »Verlassen Sie sofort mein Haus!«

Ich stürzte an dem Rollstuhl und an John Tancreds nach mir ausgestrecktem Arm vorbei. Dann rannte ich durch den langen Saal und hörte, daß er meinen Namen rief. Wie ein Echo folgte mir der Laut durch die Gänge. Ich verschloß meine Ohren.

Meine Kräfte waren zu Ende. Ich konnte Tancred nicht eine Stunde länger ertragen.

11

In fliegender Hast warf ich meine wenigen Habseligkeiten in die Reisetasche, dann verließ ich das Haus. Ich dachte nicht weiter darüber nach, ob es vernünftig sei, so überstürzt aufzubrechen. Ich hatte nur den einen Wunsch, dieses Haus so schnell wie möglich zu verlassen, vor Tancred zu fliehen und es nie wiederzusehen.

Den Weg nach Loxham legte ich im Laufschritt zurück. Ich war völlig außer Atem, und dennoch hastete ich immer weiter, ohne zurückzublicken.

Ich habe mich später oft gefragt, wie es dem hysterischen Zanken einer alten Frau gelingen konnte, mich aus dem Haus zu treiben, nachdem ich zuvor so vielem Schlimmeren standgehalten hatte. Immerhin hatte ich alle Arten von Beschimpfungen, alle möglichen Schrecknisse und Unannehmlichkeiten in diesem furchtbaren Haus geduldig ertragen. Nicht einmal die entsetzlichen Enthüllungen von John Tancred hatten mich in die Flucht geschlagen. Doch das haßerfüllte Gesicht der alten Frau verfolgte mich den ganzen Weg nach Loxham hinab, hetzte mich über den unebenen Boden und durch die Dorfstraße. Ich weiß es heute noch nicht genau, welcher übermäßige Schrecken mich durch die Nacht jagte, aber ich glaube, ein letzter Rest von gesundem Menschenverstand sagte mir, daß ich Tancred sofort verlassen mußte, wenn ich nicht genauso seltsam wie Esmee und diese Frau werden wollte.

Es war schon spät am Abend. Ich kam gar nicht auf den Gedanken, im Dorf Hilfe zu erbitten. Dort wäre auch wohl kaum welche zu erwarten gewesen. Halb laufend, halb gehend schlug ich die Straße nach Brighton ein. Meine Gedanken waren bei dem, was geschehen war und was ich erfahren hatte.

Es war ein langer Weg. Ich merkte, daß ich mit mir selbst sprach. Als ich die ersten Häuser erreichte, stellte ich fest, daß ich meine Haube verloren hatte und daß der Saum meines Kleides mit einer dicken Schlammschicht bedeckt war.

Ich wußte, daß ich eigentlich zu Ezekiel King gehen mußte. Ein Quäker-Mädchen nachts allein in einer fremden Stadt sollte natürlich sofort seine eigenen Leute aufsuchen. Doch ich wollte ihn nicht um Hilfe bitten. Ich hatte ihn nicht mehr gesehen, seit er mich vergeblich zu bewegen versucht hatte, Tancred zu verlassen. Die Ereignisse des letzten Monats hatten mich völlig vergessen lassen, daß er vielleicht an Großvater geschrieben hatte.

Ich wußte, daß Deborah sehr nett zu mir sein würde. Auch Mr. King verweigerte mir seine Hilfe sicher nicht, aber bestimmt würde er wissen wollen, warum ich Tancred so Hals über Kopf verlassen hatte. Er würde für mich beten und mir erklären, daß ich nur durch meine Halsstarrigkeit soweit gekommen war, und am nächsten Tag würde er mich ins Haus des Bankiers bringen, wo er fortan ein wachsames Auge auf mich haben konnte.

Der Gedanke an seine salbungsvollen Ermahnungen war mir unerträglich und ließ mich erneut in Tränen ausbrechen. Ich schlug einen anderen Weg ein, und als ich mich wieder einigermaßen gefaßt hatte, fragte ich nach dem Haus von Reuben Tyler. Zehn Minuten später klopfte ich schmutzig und ohne Haube an die Tür des braven Mannes.

Seine Frau und er ließen sich ihre Überraschung über mein Aussehen und meinen späten Besuch nicht anmerken. Mrs. Tyler war schon im Nachthemd, aber sie hieß mich sofort am Tisch Platz nehmen und trug mir eine reichliche Mahlzeit auf. Mir war die Kehle wie zugeschnürt, und es kostete mich Mühe, wenigstens ein kleines Stück Brot zu essen.

»Haben Sie Tancred verlassen?« fragte ihr Mann.

Ich nickte und sagte: »Sie war so böse zu mir«. Ich war töricht genug, in Tränen auszubrechen.

Er tauschte einen raschen Blick mit seiner Frau, dann legte er mir den Arm um die Schultern. »Aber, aber . . . Nicht weinen. Das ist die Sache doch gar nicht wert. Trinken Sie schön Ihren heißen Tee aus, dann wird Ihnen gleich besser.«

Ich trank einen Schluck, und er hatte recht. Ich spürte, wie die

Wärme durch meine Kehle rann und sich im ganzen Körper verbreitete.

»Heute habt ihr das Kind begraben, nicht wahr?« fragte er. »Ich habe gehört, daß die Beerdigungswagen nach Tancred gefahren sind.«

Ich nickte.

»Dann wollen Sie sicher zu Ihren Leuten heim?«

Er war ein Mann ohne Bildung, dennoch verfügte er über soviel Takt und Verständnis, daß er in meinen Augen immer ein Gentleman sein wird. Sicher war er neugierig und hätte gern gewußt, weshalb ich bei Nacht und Nebel aus Tancred geflohen war. Trotzdem stellte er keine Fragen.

»Ja«, sagte ich, »mit dem nächsten Zug fahre ich nach Hause. Geld habe ich genug.«

Er legte seine große rauhe Hand auf die meine. »Heute nacht bleiben Sie erst einmal hier, mein Kleines. Morgen früh bringe ich Sie dann zum Zug.«

Ich versuchte ihm und seiner Frau zu danken, aber die wehrten ab. Mrs. Tyler bereitete mir ein Lager am Küchenherd. In der Ecke schlief eine Katze, und alles war warm und friedlich.

Ich konnte nie mehr nach Tancred zurückkehren.

So fuhr ich denn nach Hause und erklärte meine Rückkehr so gut es ging. Ich berichtete Großvater einen Teil der Wahrheit und erzählte ihm von Esmee und ihrem seltsamen Benehmen, sagte aber nichts über die schrecklichen Umstände ihrer Geburt. Ich berichtete ihm, daß ihr tödlicher Unfall kein Unfall war, und als ich beschrieb, wie sie versucht hatte, mich mit in die Tiefe zu ziehen, sah ich die Besorgnis in seinen Augen. Ich verriet auch nichts von Mrs. Tancreds letztem Zornesausbruch. Als ich fertig war, sah Großvater mich an und nickte nachdenklich.

»Du bist so dünn geworden, Miriam«, sagte er. »Recht hast du getan, daß du heimgekommen bist.«

Auch von Großmutters Seite fiel kein unfreundliches Wort. Wahrscheinlich hatte er mit ihr gesprochen und sie ermahnt, mich nicht zu verspotten. Als ich kam, hielt sie lange genug im Rühren eines Kuchens inne, um meinen ehrerbietigen Kuß auf die Wange entgegenzunehmen.

»Da bist du ja wieder«, sagte sie.

Ich nahm meine Arbeit bei Miß Llewellyn auf, und auf ihre

Fragen nach Tancred erzählte ich ihr, was sie hören wollte: daß die Familie sehr zurückgezogen mit sehr bescheidenen Mitteln lebte. Jeder bei uns im Dorf sah den Tod von Esmee als ausreichenden Grund dafür an, daß meine Tätigkeit in Tancred beendet war.

Ich nähte, arbeitete auf dem Hof und ging zum Gottesdienst. Mein Leben war wieder wie früher. Hier im Dorf wehte kein kalter Wind, es gab kein altes Haus, in dem die Schatten der Vergangenheit wohnten. Hier waren die Menschen schlicht und offen, mit Liebe im Herzen. Doch als ein paar Wochen vergangen waren, wurde mir klar, daß ich Tancred nicht vergessen konnte.

Nachts träumte ich davon. Ich glaube, ich werde mein ganzes Leben lang von den schrecklichen Monaten in Tancred träumen. Wenn ich erwachte, fuhr ich im Bett empor und fragte mich, ob die unselige Familie in dem alten Haus auf den Klippen inzwischen von einem neuen Unglück befallen sein mochte. Ich versuchte zu vergessen, versuchte die Erinnerungen zu verdrängen und mich wie zuvor in das Leben im Dorf einzufügen.

Ich besuchte Prudence und Joseph Whittaker und fragte mich, wie mich dieser unbedeutende junge Mann jemals hatte aus der Ruhe bringen können. Ich wohne der Hochzeit meines Vetters Stephen bei und empfand weiter nichts als Unbehagen und Unruhe bei diesem Anlaß, der doch für alle Familienmitglieder ein Freudenfest sein sollte. Einmal bildete ich mir ein, Mary in der Ferne zu sehen, und ich lief weit über die Felder, um sie einzuholen, doch dann sah ich, daß ich Elizabeth Jenkins vor mir hatte, die etwas magerer geworden war.

Und was ich auch tat, ob ich ging oder saß, ob ich nähte oder im Haushalt arbeitete, immer sah ich das Gesicht von John Tancred vor mir. Manchmal lächelte er, manchmal war er wütend, aber immer war er bei mir und trennte mich vom Leben meiner Umwelt.

Im März kam dann der Brief. Es war ein dicker Brief, und die Adresse war in ungelenker Schrift geschrieben. Als ich ihn öffnete, stellte sich heraus, daß er eine meiner weißen Hauben enthielt. Ein Brief von Mary war dabei.

Liebe Miß Miriam, es hat mir leit getan das sie fortgegangen sint. Mrs. Tancred ist krank geworden und nix hat ihr helfen

können. Sie ist tod. Wir Drei sint allein und Mr. John ist krang.
Das Fert ist auf sein Bein gesprungen und es geht ihm schlecht
gans schlecht. Matt und ich wir tun und flegen ihn aber er fragt
immerzu nach ihnen. Es ist ser traurig hier ohne sie. Sie waren
ser gut zu mir und immer habe ich das blaue Kleit an weil es so
schön ist. Ihre Haupe haben sie vergessen.

Hochachtungsvoll!
Mary

In dieser Nacht schlief ich sehr schlecht. Wieder hörte ich den
Wind durch die langen, düsteren Gänge heulen und vernahm die
Stimme eines Kindes, das eine monotone Melodie sang. Ich
träumte von der Nacht, in der Esmees Mutter gestorben war, und
sah alles wieder vor mir: den lachenden bösen Mann, die zornige
Frau mit dem silbernen Leuchter und den entseelten Körper der
jungen Frau, die nicht ertragen konnte, was ihr Schwiegervater
ihr erzählt hatte.

Wie sollte ich jemals dorthin zurückkehren, in die kalten
dunklen Räume und die Schrecken des Ostflügels und der Ahnengalerie? Marys Brief war ein Hilfeschrei, aber konnte ich
denn helfen? Dort gehörte ich nicht hin. Ich war ein schlichtes
Dorfmädchen, an ein einfaches, klares Leben und an gottes-
fürchtige Menschen gewöhnt. In einem Haus wie Tancred hatte
ich nichts zu suchen. Doch noch während ich mich auf diese
Weise zu retten versuchte, wußte ich schon, daß ich meine Heimat noch einmal verlassen würde; diesmal für immer.

Ich kehrte nach Tancred zurück. Es geschah im Einverständnis
mit Großvater. Ich sagte ihm, warum ich gehen müsse, und er
akzeptierte meine Entscheidung. Er wußte dabei schon, glaube
ich, daß er mich verloren hatte.

Von Brighton fuhr ich mit Reuben Tyler nach Loxham, und
von dort aus ging ich zu Fuß. Meine Schritte wurden immer
schneller, je näher ich dem Haus kam. Tancred hatte sich nicht
verändert. Es war immer noch kalt und düster und alt.

John Tancred lag in seinem Zimmer. Er sah magerer und älter
aus. Sein Bein war an einer hölzernen Schiene festgebunden.
Das Zimmer sah unordentlich aus, das Bett war zerwühlt und die
Wäsche schmutzig. Ich schloß die Tür hinter mir.

»John? John Tancred?« sagte ich.

Sein Gesicht wandte sich mir langsam zu, dieses tragische, häßliche, schöne Gesicht, das ich so sehr liebte.

Er rief meinen Namen, und das war wie ein Echo seines anderen Rufes, den ich nicht beachtet hatte, als ich aus Tancred geflüchtet war. Er wandte den Blick nicht von mir, als ich an sein Bett trat, und dann zogen seine kräftigen Hände mein Gesicht zu sich herab, und er lehnte seine vernarbte Wange an die meine.

An diesem Tag habe ich ihm viel versprochen, und ich habe versucht, mein Versprechen zu halten. Ich versprach ihm, daß ich ihn nie mehr verlassen werde. Zwei Monate lang habe ich ihn gepflegt und an seinem Bett gesessen, die Wunde gereinigt, das Fieber bekämpft und versucht, seine Schmerzen zu lindern.

Als er endlich wieder stehen konnte, kam der Pastor aus Loxham, um uns zu trauen. Nun wußte ich, daß ich nie mehr von Tancred loskommen würde. So düster und unheilvoll das Haus auch war, da es John Tancreds Heim war, würde es nun auch mein Zuhause sein. Hier gehörte er hin. Hier waren seine Wurzeln.

Die ersten Monate waren schwer. Mary und ich versuchten, das Haus etwas wohnlicher zu machen. Wir putzten und räumten, flickten und heizten. Den Ostflügel vermochte ich noch nicht zu betreten. Und es fiel mir schwer, in Esmees Zimmer zu gehen.

Dann kam der Oktober, es kam die Nacht, die ich voller Angst erwartete, die Nacht, in der es geschehen war, in der das Lachen durchs Haus geklungen hatte und die alte Frau den Mann erschlagen hatte, von dem sie so gequält worden war. Ich saß in meinem alten Zimmer, zitternd vor Angst, und wartete darauf, daß die Geister von einst durch die düsteren Gänge schleichen würden. Ich hielt meine Bibel in den Händen, und als die Morgendämmerung durch die alten Gardinen drang, wurde mir plötzlich klar, was ich zu tun hatte.

Ich blies die Lampe aus und ging in der Morgendämmerung durchs Haus in den Saal. Das Bild hing noch an seinem Platz. Die kalten Augen sahen mich an, als ich das Porträt Richard Tancreds von der Wand hob. Ich zerrte es durch den Saal, die Treppe hinunter und auf den Hügel hinauf. Es war schwer, und ich mußte mich anstrengen. Dann schleifte ich es an den Rand der Klippen und stieß es hinab in die Tiefe.

Es wurde in tausend Fetzen von Holz und Leinwand gerissen, während es über die zackigen Felsen hinabstürzte. Die Reste fielen ins Meer und wurden mit der Morgenflut hinausgetrieben.

Dann räumten Mary und ich den Ostflügel aus.

Wir scheuerten und putzten, nahmen Gardinen ab und brachten die Möbel auf den Dachboden. Als wir damit fertig waren, nahmen wir uns Esmees Zimmer vor. In jenem Winter — es war mein erster Winter als Johns Frau — hatten wir nicht viel Geld, aber in den Zimmern, die wir benutzten, brannte Tag und Nacht ein Feuer, damit das Haus ein wenig wärmer und heller wurde. Als der Frühling kam, pflanzten wir eine Reihe Tannen vor dem Haus, Tannen, die aus Dänemark kamen und es gewöhnt waren, dem Wind vom Meer zu trotzen. Ich betete um das Gedeihen unserer Setzlinge. Sie waren für mich das Symbol all der Dinge, die sich auf Tancred verändern sollten.

Mein Gebet wurde erhört. Als der Frühling kam, trug ich meinen Sohn auf den Armen und konnte ihm die geraden, gesunden kleinen Tannen vor dem Haus zeigen.

Matthew verließ uns ein Jahr später. Bis dahin hatte ich ihn ertragen, weil er John bei den Pferden so nützlich war, doch als er von sich aus den Wunsch äußerte, wegzugehen, war ich sehr froh. Wir haben jetzt drei Pferdeknechte aus Loxham eingestellt.

Mary ist immer noch bei uns. Ich hatte gehofft, daß sie eines Tages heiraten und in einem eigenen Heim glücklich sein würde, doch Richard Tancred hatte ihr Leben allzu gründlich zerstört. Ich glaube, im Grunde ihres Herzens hatte sie nun vor allen Männern Angst. Sie ist inzwischen rundlicher geworden und scheint mit uns und unseren Kindern glücklich zu sein.

Und John, mein Mann? Er wird nie so wie andere sein. Das ist nicht verwunderlich nach dem, was er durchgemacht hat. Wenn ich aus Brighton zurückkomme oder eine andere Ausfahrt gemacht habe, wartet er schon am Fuß des Hügels auf mich. Ein Strahlen geht über sein Gesicht, wenn er mich sieht. Mit seinen starken Händen umfaßt er mich und drückt mich so fest an sich, als habe er befürchtet, daß ich nie mehr zurückkommen würde.

Er hat das verschwundene Porträt seines Vaters mit keinem Wort erwähnt. An der Stelle hängt jetzt ein anderes Gemälde. Es ist ein Bild von mir mit unserem Sohn.

ROMANTIC THRILLER

*Romane voll Liebe und Geheimnis, von
internationalen Autoren.*

Jan Alexander
Tränen der Einsamkeit
03/2180

Ann Forman Barron
Die Todgeweihte
03/2246

Phyllida Barstow
Die unheimliche Küste
03/2235

Pamela Bennetts
Der liebenswerte
Gauner
03/2222

Der geheimnisvolle
Salon
03/2234

Der Marquis und
Miss Jones
03/2239

Die nächtliche
Besucherin
03/2255

Jenny Berthelius
Das Opfer
03/2203

Laura Black
Das tödliche Erbe
03/2229

Die Wasserfälle von Gard
03/2249

Rabenschloß
03/2259

Elisabeth Carey
Fingerzeig des
Schicksals
03/2251

Margaret Carr
Verräterisches Blut
03/2198

Margaret Chittenden
Das Haus im Dämmerlicht
03/2183

Virginia Coffman
Der falsche Herzog
03/2190

Der Orchideenbaum
03/2193

Marie Cordonnier
Das Geheimnis
der weißen Frau
03/2243

Elsie Cromwell
Der Graf und die
Gouvernante
03/2248

Dorothy Daniels
Die Geisterglocke
03/2270

Carola Dunn
Die Maske der Gräfin
03/2217

Deanna Dwyer
Der Fluch
des zweiten Gesichts
03/2266

Dorothy Eden
Wildes grünes Land
03/2242

Anne Eliot
Das unheimliche
Paradies
03/2245

Zwischenfall in der
Villa Rahmana
03/2254

Die geheimnisvolle
Urkunde
03/2271

Caroline Farr
Das spanische Schloß
03/2236

Kate Frederick
Die Schicksalsinsel
03/2265

Angelika Gerol
Das tödliche Geheimnis
03/2226

Anna Gilbert
Das Schattenhaus
03/2241

Jane Aiken Hodge
Im Schatten der
Anderen
03/2200

Alison Hughes
Das Geheimnis im Moor
03/2232

Florence Hurd
Die Moorhexe
03/2156

Das Zimmer der Toten
03/2174

Sara Hylton
Der Talisman von Set
03/2181

Die Hauslehrerin
03/2267

Velda Johnston
Das andere Gesicht
03/2211

Die Stimme
in der Nacht
03/2221

Zwischenspiel
in Venedig
03/2230

Der Hexenteich
03/2252

Das Geheimnis
der Tänzerin
03/2269

Sara Judge
Der Wunderring
03/2209

Fortune Kent
Der siebente Wächter
03/2199

Katheryn Kimbrough
Das Haus der
flüsternden Wände
03/2195

Frances Lynch
Die doppelte Braut
03/2260

ROMANTIC THRILLER

*Romantik und Grusel-Spannung
für anspruchsvolle Leser.*

Programmänderungen
vorbehalten.

**Wilhelm Heyne Verlag
München**

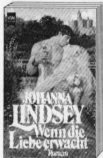

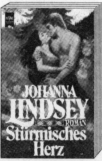